こんな世の中に誰がした？

ごめんなさいと
言わなくてもすむ
社会を手渡すために

上野千鶴子

光文社

こんな世の中に誰がした?

ごめんなさいと
言わなくてもすむ社会を
手渡すために

こんな世の中に誰がした?*目次

序章

Part1 仕事

Part 2
結婚

Part 3

教育

Part 4
老後

終章　これからのフェミニズム

カバー写真　藤岡亜弥
ブックデザイン　鈴木成一デザイン室
編集協力　今泉愛子

序章

東大スピーチから三年。上野千鶴子が東大祝辞で言いたかったこと

わたしたちは今「安心して弱者になれない社会」で生きています。失業して生活が苦しくても、結婚した夫に暴力をふるわれ「出ていけ！」と怒鳴られても、その人たちが救いを求めることを躊躇《ちゅうちょ》するような社会です。

自分の身に起きたことはすべて自己決定・自己責任。だから仕方がない、と誰にも相談せずに問題をひとりで抱えこんでしまいます。困っている人をさらに追い詰めるような「自己決定・自己責任」という言葉は、二〇〇〇年代に政治家が好んで使い、広く社会に浸透しました。

この社会では、誰もが競争からふりおとされないようにと必死ですから、他者を思いやる余裕がありません。そして手柄をあげた人はすべて自分が努力した結果だと考

え、手柄をあげられなかった人はすべて自分が努力しなかった結果だと自分を責める傾向があります。

けれど本当に、人生は努力でどうにかなるものでしょうか。あなたは不当な扱いを受けたり、理不尽な目に遭ったりすることはこれまで一度もなかったでしょうか。そのときに抵抗できなかったり、くやしさを呑みこんだりしたことはなかったでしょうか。また努力しようにも力が出なかったり、力尽きたことはないでしょうか。

わたしは若い頃からずっと世の中の理不尽に直面して、「こんな世の中に誰がした?」と問い続けてきました。思いどおりにならないことがいくつもあったからです。「こんな世の中に誰がした?」と上を見たら真っ黒けのオジサンだらけでした。ものごとを決める場所にはオジサンしかいないことを思い知りました。だからオジサンたちをめがけて石を投げました。本物の石を投げました。でもそんなことで世の中は変わりませんでした。

女の不幸の原因は社会構造にあった

わたしは主婦研究者として出発しました。主婦研究者とは、「主婦をやりながら研究をしている人」のことではなく、「主婦」を研究対象とする研究者のことです。なぜって、わたしの母が、夫の顔色を窺《うかが》う不幸な専業主婦だったからです。「主婦ってなあに、何する人？」と問いを立てたら、奥行きが深くて研究にのめりこみました。

驚くのは、この二人が恋愛結婚だったということです。お見合い結婚が主流だった時代に、彼らは恋愛をして結婚したのに、夫婦仲がよいとは言えませんでした。

家父長制下の結婚は「夫であるオレサマを最優先しろ」というシステムです。両親はそこにピタッとハマっていました。母はよく「自分に男を見る目がなかった」とこぼしていましたが、一〇代の頃、わたしは両親をじっと見て、「お母さん、夫を替えてもあなたの不幸は変わらないよ」と思うようになりました。母の不幸の原因は男の選び方の問題ではなく、社会構造の問題だと気づいたからです。思えば父も母も、とくべつに性格が悪いわけではない、ふつうの日本の庶民でした。

そして研究者になったとき、この課題に取り組みました。それから一〇年かけて書いたのが『家父長制と資本制　マルクス主義フェミニズムの地平』（岩波書店、一九九〇年／岩波現代文庫、二〇〇九年）です。

本書によって、女性を不利な立場に追いやる構造的なしくみをあきらかにすることができました。

この三〇年間で、結婚してもよいしなくてもよい、子どもを産んでもよい産まなくてもよい、フルタイムで働いてもパートタイムで働いてもよい、と女性の生き方は多様化しましたが、そのいっぽうで格差が拡大し、低所得のシングル女性が増えています。彼女たちは努力が足りなかったわけでも人生の選択を誤ったわけでもありません。わたしたちは一歩間違えれば貧困に陥るような、危うい社会を生きています。

この本では、女の人生を「仕事」「結婚」「教育」「老後」の四つのステージにわけて、何が起きて、その結果、女たちの人生はどうなるのか、これからどこへ向かうのかを解説しています。

なぜ競争に勝たなくてはいけないのか。そもそも競争は必要なのか。なぜ「つらい」と言いにくいのか。なぜ男よりも優秀な女には居場所がないのか。結婚することは必要なのか。子どもがいない人生は不幸なのか。なぜ老いることがこんなに不安なのか。

そのことをわたしと一緒に考えてみませんか。

変わらない世の中を変えていく

わたしはこれまで何度も「どうせ世の中は変わらない」という諦めの声を聞いてきました。でも、そうでしょうか。

わたしたちだって少しは変えられたんです。たとえば「セクハラ」や「DV」に遭った被害者が声をあげやすくなったことにはフェミニズムが貢献しました。介護保険制度ができたときも多くの市民が尽力しました。

「こんな世の中に誰がした？」と言わなくてもすむような社会を次の世代の若い人たちに手渡したい。そう思ってがんばってきましたが、大きく変えることはできませんでした。非力でした。

東日本大震災のあと、地元の高校生に向かって「福島の将来はキミたちの肩にかかっている」と呼びかける大人を見ましたが、「自分たちで自然もコミュニティも壊しておいて、子どもに向かってどのツラ下げて言えるのか」と思いました。福島を日本に置き換えても同じです。「キミたちに日本の将来がかかっているんだからがんばってくれ」なんて、こんな世の中をつくってしまった大人たちに言えるでしょうか。

わたしたちはどんな状況であれ、生き延びていかなくてはなりません。だから逃げたい人は逃げていい。日本でなくていい。世界のどこかであなたに生き延びていってほしいと思います。

けれど逃げたくても逃げられない人もいます。逃げないで踏みとどまる人もいます。戻ってくる人もいます。そんなあなたには、ほんの少しでも社会を変える力がありま す。今よりちょっとでもマシな社会を、あとから来る人たちに手渡すために。

Part 1
仕事

日本女性は働き者なのに貧乏

世界的に見て日本の女性はよく働いています。二〇二二年の国際比較データによると一五歳から六四歳までの就業率は七四・三％で、ＯＥＣＤ諸国の平均六五・八％よりも、アメリカの六九・〇％よりも高いのです。日本がサラリーマンと専業主婦の社会だという思いこみは、すでに過去のものになりました。

けれど、大きな問題があります。働いている女性の収入が低いことです。日本では男女の賃金格差が大きいからです。正社員であっても女性の給与水準は男性の七七・六％で、ＯＥＣＤ諸国の平均を大きく下回り、韓国、イスラエルに次いで下から三番目、これでも徐々によくなってきているのですが、その変化が遅いので格差はなかなか埋まりません。

それだけではなく、もっと大きな原因は、働いている女性の半数以上が非正規労働だということです。非正規で働く女性の約六割は年収二〇〇万円未満しか稼げません。これでは経済的に自立するのは難しいでしょうし、スキルを十分に磨くことができずキャリアアップも難しいでしょう。

非正規労働は、正規労働と比べて、同じ仕事をしていても半分から三分の二ぐらいしか賃金の支払われない、とても不利な労働ですが、さらに彼女たちのなかで結婚している女性の多くは、一定の収入を超えないよう働く時間を抑えています。

既婚女性が労働を一定の枠に抑えるように誘導する税制や社会保障制度があります。いわゆる「一〇三万円の壁」「一三〇万円の壁」と呼ばれるものです。この「壁」を超えると夫が雇用者の妻は、被扶養者からはずれて自分で税金を払ったり社会保険に加入しなければなりません。そのためかえって所得が減少するという「逆ざや」が起きるため、多くの女性はこの「壁」を超えないよう、就労調整をする傾向があります。つまり日本では税制・社会保障制度が既婚女性の就労を抑制してきたのです。

それだけではありません。彼女の夫たちのなかには、妻が働きたいと言うと、「ボクの迷惑にならない範囲なら許可する」と言う者もいます。「許可する」とは、それまで妻の就労は「禁止」されていたのでしょうか。夫ひとりが「禁止」していたというより、夫だけでなく制度や社会がよってたかって妻の就労を「禁止」してきたと言うべきでしょう。

「ボクの迷惑にならない範囲なら」働いてもよい、とは、妻が働いても自分の生活をこれっぽっちも変える気がない、と宣言しているようなものです。結果、夫は仕事オンリー、妻はかつての家事育児オンリーに代わって、家事育児はあいかわらず妻のワンオペのまま、外に出て働く負担も増えるという「新・性別役割分担」が拡がりました。女性は家の中でも家の外でも働くようになり、合計すれば労働時間がますます長くなりました。

妻の就労がマストになったのは、妻の家計補助収入がなければ家計を維持できないようになるほど、男性の賃金が低下してきたからです。他方妻たちの労働は、家計補助だからこの程度でいいだろうと、低賃金に抑えられてきました。これでは経済的自立など果たせませんし、離婚すればただちに困窮します。

九〇年代以降の変化は、この非正規労働にシングルマザーやシングル女性が家計補助ではなく家計支持のために、すなわち自分の稼ぎで家計を支える女性も就くようになったことです。非正規労働に就く男性も増えてきました。現在非正規労働率は全労働者の四割台、男性は二割台ですが、女性は半数以上、非正規労働者全体のおよそ七割は女性です。日本の多くの女性が働いているといっても、著しく不利な条件のもとで働いていることがおわかりでしょう。

見捨てられている、貧乏なおばさん、おばあさんたち

非正規労働者の存在がメディアの脚光を浴びたのは、二〇〇八年末の年越し派遣村のときでした。それ以前からわたしたちジェンダー研究者は女の問題としてさんざん訴えてきましたが、男の問題になって初めて世間が注目するようになりました。

非正規労働は男女を問わず、問題だらけです。正規労働と同じ職場で同じように仕事をしても同一労働同一賃金にはなっていません。正規労働と非正規労働の賃金格差は、いかなる経済的合理的な理由でも説明できませんので、身分格差に近いと論じる研究者もいます。ほぼフルタイムで働いても、家計を支えるに足るだけの十分な収入を得ることは困難ですから、扶養家族のいるシングルマザーのなかには、ダブルジョブ、トリプルジョブで家計を支えている人もいます。有期雇用が多いために雇用保証がありません。短期間で職場を移動するためにキャリアアップの機会がなく、年齢が

上がるほど職探しは困難になります。つまり非正規労働とは、経営者が自分の都合でつけたりはずしたりできる、使い捨ての景気の調整弁なのです。

年越し派遣村のときには、リーマンショックで職ともども会社から提供されていた宿舎を失った男性非正規労働者たちが派遣村に溢《あふ》れ、世間にその実態を示しました。秋葉原の無差別殺傷事件や安倍元首相銃撃事件の犯人が非正規労働の経験者であったことから、不遇な立場にいる男性が暴力を外に向けて事件を起こすこともあって、世間は男にばかり注目しますが、深刻なのは男よりも女です。

データを見るとおり、非正規労働は著しくジェンダー化されています。その結果、名言の主、樋口恵子さんが名づける「ＢＢ」こと貧乏ばあさんが生まれます。日本の女たちは、働いても低賃金で貧乏、老後も低年金で貧乏、一生貧乏なままです。

非正規労働者を年代別に見ると、男性は六五歳以上がもっとも多いのに、女性は四五歳から五四歳までの中高年女性がもっとも多く、中高年女性に向けた正規職の求人は驚くほど少ないのです。彼女たちは、自ら選択して非正規になったのではなく、ほかに選択肢がなかったためにやむなく非正規職に就くしかなかった人たちです。

中高年女性の貧困には、メディアも政治家も注目してきませんでした。子どもの貧困や若者の貧困は取り上げられることが増えてきましたが、中高年の女性の貧困については注目されません。高齢女性の貧困については、以前から問題になっていました。また若い女性の貧困は、彼女たちの一部がお金に困って風俗に流れることから、下世話な関心からメディアはたびたび報じてきました。けれどおばさんの貧困はその谷間に落ちたまま見捨てられてきました。

なぜそれが問題とされなかったのか。これまでずっと、女は男に依存して養われればよいとされてきたからです。

日本の労働市場では、長らく女は新卒で就いた仕事は結婚するまでの「腰かけ」で寿退社《ことぶきたいしゃ》があたりまえ、結婚や出産で中断したあとの再就職は非正規労働市場へという構造が続いてきました。働く必要がある女たちも、未婚なら「結婚して男に養ってもらえばよい」、離婚しても「男を探して再婚すればよい」と言われてきました。

老後も倒れるまで働くしかない？

社会政策学者の阿部彩さんは「中高年女性の貧困はないことにされている」と言います。

貧乏なおばさんたちは、老後の不安を抱えています。将来の不安として「高齢になって十分な生活ができなくなる」「高齢になっても働かなければならない」と答えた人の割合は、高齢者よりもその予備軍のほうが大きいのです。

『非正規・単身・アラフォー女性』(光文社新書、二〇一八年)の著者、雨宮処凛《かりん》さんに「老後はどうするの?」と聞いたら、周囲の人たちと「人を傷つけない程度の微罪を犯して刑務所に入るしかない」と言いあっているそうです。

彼女たちは「自分にはなんの価値もない」という疎外感を持っています。「わたしは世界から必要とされていない」「使い捨てられて終わり」と。わたしの知っているあるチャーミングで有能な女性は、三年ごとに有期雇用の非正規職として職場を転々としてきました。彼女は「会社では毎日がハラスメント」と語りました。

そんな状況では自己肯定感なんて持てません。仕事ができても差別的な扱いを受け、年齢が高くなるとその仕事ですら続けることが難しくなってきます。

五〇代のシングルマザーを調査して学位論文を書いたわたしの元ゼミ生がいます。「五〇代のシングルマザーに老後展望はあるか?」という研究でした。彼女たちの多くは非正規ですが、「いつまで働きますか?」という質問に、「倒れるまで働く」と答えました。

「倒れるまで働く」彼女たちを吸収する職場は介護労働市場です。介護労働者の平均年齢は五〇・〇歳ですが、とりわけ訪問介護員に限定すると平均年齢は五四・四歳。年齢層では六〇歳から六九歳が二四・五%ともっとも多い。なかには七〇代や八〇代のヘルパーが自分より年下の要介護者を介護する場合もあります。資格条件が緩やかで定年がない職場ですから、それができるのです。

収入の低いシングルマザーは、そのツケを子どもの世代に払わせることになります。親の経済力の限界で子どもに学歴をつけてやれなかったとしたら、その子どもは成人しても稼得力《かとくりょく》（稼ぐ力）が大きくないでしょう。

母親が生活に困っても、子どももいっぱいいっぱいの生活をしていますから助けることができません。そもそも親は成人子を依存させてやることができず、成人子のほうも親を依存させるだけの余裕がありません。共倒れをしないために、早いうちに親子の世帯分離をしています。だから親のほうも「倒れるまで働く」しかありません。政治は彼女たちに救いの手を伸ばそうとしてきませんでした。

いったん正規雇用を手放した女性が、その後どんな不利な立場になるかを学習した若い女性たちは、正規職を手放さないようになりました。その結果、正規雇用の女性たちの育休取得率は上がりましたし、育休後復帰率も上昇しました。正規雇用を手放したばかりに、生涯賃金で二億円の損失があると言ったのは橘玲さん（『2億円と専業主婦』マガジンハウス、二〇一九年）です。けれどこれからは正規労働者だってうかうかしていられません。退職金がもらえるかどうかもわかりません。一〇年後にあなたの会社があるかどうかも怪しいでしょう。

だから貯金をして、自衛するしかない、と多くの人は考えています。なんらかの事情で失業したり病気をしたりしても、「自己責任」ですまされ、社会は救いの手を差し伸べてくれないのですから。でも本当にそんな社会でいいのでしょうか？「がんばった人が正当に報われることが平等な社会なんじゃないですか？」と言う人もいます。ですが、何をもってがんばったと言うのでしょうか？　あなたががんばることができたのは、本当にあなただけの力でしょうか？　教育投資をしてくれる親のもとで育ち、災害で家を失ったり不慮の事故で健康を損なったりしないですんだことは、自分自身の努力の結果だと言えるでしょうか。

正規職に就けないのは自己責任ではない

非正規雇用者が急激に増えたのは、一九九〇年代半ばから二〇〇〇年代前半の就職氷河期でした。この時期、新卒で正規雇用に就けなかった若者たちが男女ともに多く生まれました。もともとこうした働き方をするつもりではなかったのに、非正規の仕事しか見つからなかった人たちのことを、不本意非正規雇用者と呼びます。ニートやフリーターが話題になり始めたのもこの頃でした。

当時は本人も周囲もいずれ景気が回復すれば正規雇用されるだろうという楽観がありました。九一年にバブルがはじけてからまだ幾年も経っておらず、いずれ景気は回復するだろうという期待もありました。親たちもフリーターの息子や娘に対して「今は試行錯誤しているけれど、三〇歳になるくらいまでには落ち着くだろう」と、余裕がありました。親のスネも当時はまだ太かったのです。

ところがそうはなりませんでした。不況は予想以上に長く続き、景気はなかなか回復しませんでした。二〇〇〇年代になってから景気はいくらかよくなりましたが、恩恵を受けたのは新卒採用市場だけ。中途採用市場には影響がありませんでした。この人たちは非正規のまま、四〇代さらに五〇代に入りました。これがロスジェネ世代と呼ばれる人々です。

ロスジェネ世代が非正規労働市場に入っていったのは「自己決定・自己責任」の結果ではありません。新卒の時期に正規職の採用が少なければ、その人たちはずっと非正規のまま、収入も低いままで、階層の梯子《はしご》を上ることができません。企業が採用を絞りこみ、新規採用の椅子取りゲームで用意されている椅子が少なかったことは、その人たちの責任ではないでしょう。

一九九〇年に八八一万人だった非正規雇用者は二〇一六年には二千万人を超えました。しかも新卒から非正規労働市場に参入していく傾向は、ロスジェネ世代以後も継続しています。『令和四年版男女共同参画白書』には「就職氷河期世代考察」というコラムがありますが、それによると一九七五—八四年生まれで二〇二一年に三七—四六歳の人たち、すなわち「就職氷河期コア世代」の初職が非正規だった割合は女性三一・六%、男性一六・六%ですが、それ以降の後続世代で女性三〇・八%、男性一八・一%とやや増加しています。このなかで不本意非正規の割合は男性で七〇・七%、女性で五七・六%、進んで非正規職に就いたわけではありません。ちなみに厚労省の調査によれば、二〇一〇年の三〇代男性の結婚確率は正規雇用者で六九・三%、非正規で二四・四%と大きな格差があります。

ロスジェネ世代といっても一枚岩ではありません。非正規雇用が増えたといっても、なかには就活競争に勝ち抜き、ブランド企業に入社し、結婚し出産して家庭を形成した人たちもいます。そういう同世代の誰彼と比較して、親は「〇〇ちゃんと比べてオマエは…」と陰に陽に子どもを責めます。ロスジェネ世代は世代間の格差も大きいけれど、世代内の格差も大きいので、連帯が難しいのです。

二〇〇八年に秋葉原無差別殺傷事件を起こした加藤智大《ともひろ》も二〇二二年の安倍晋三元首相銃撃事件の山上徹也も非正規職を経験しています。二〇一九年に京アニ事件こと、京都アニメーション放火殺人事件で三六人の死者を出した犯人の青葉真司も子どものときから虐待を受け、非正規職を経験しています。社会的に失うものがないために死刑をも怖れずに犯罪を犯す「無敵の人」という言葉が登場しましたが、わたしたちの社会はそういう人たちをつくってきました。

ロスジェネ問題は、予見できたことです。なのに政府はこの状況をずっと放置してきました。橋本健二さんは、『新・日本の階級社会』（講談社現代新書、二〇一八年）で、この数十年のあいだに「アンダークラス」が誕生したと指摘しています。その数は九〇〇万人。アンダークラスとは、学歴や収入が低いためにがんばっても階層上昇の梯子を上がれない人たちのことを言います。アンダークラスは、ほかの階級よりも女性比率が高く、その大半はシングル女性とシングルマザーです。このアンダークラスは、政治によってつくられたものです。こうして階層間の格差拡大が進んでいます。

ネオリベ改革で非正規職が増大した

八〇年代から政治家によるネオリベラリズム改革が着々と進行しました。今から考えれば始まりは、中曽根政権の国鉄民営化でした。

ネオリベラリズムは、市場の競争原理を重視し、規制を緩和して行政サービスを縮小する政治経済思想です。キーワードは「自己決定・自己責任」。小泉純一郎元首相は在任中、この言葉を幾度となく口にしました。その頃からネオリベ改革はいっきに進みました。

なぜこれほど非正規職の人たちが増えたのか。それは不況が長引くなか、企業が人件費を抑えるため低賃金で働く非正規雇用者を増やし、その人たちを企業の都合で使い捨てることに、政権が同意したからです。ロスジェネ問題の根っこはここにあります。

男女雇用機会均等法と同じ一九八五年に労働者派遣法が成立し、雇用の規制緩和が進みました。その後、数次の改正を経て派遣事業はほぼ全職種に拡大し、一日派遣も可能になりました。こうして経営側は人件費を削減することで不況を乗り切ろうとしました。

二〇〇〇年代に小泉内閣が構造改革を進めたとき、知恵袋だったのが経済学者で閣僚も務めた竹中平蔵さんです。彼は人材派遣大手のパソナグループで二〇〇九年から一三年間会長職にありました。パソナは東京五輪の派遣事業とコロナワクチン接種の派遣事業とで、巨額の利益を上げたと言われています。

法律によって保護されない非正規雇用者が増えたのは、政界が財界と結託したからです。規制緩和というと、自由な競争が可能になり市場の効率がよくなると考える人もいます。しかしそれによって利益を得る人とそこから排除され落ちこぼれていく人とを分断し、格差を拡大します。

政治家が財界の利益に奉仕したのが税率です。

低所得者層に不利と言われる逆進性の高い消費税率を上げるいっぽうで、所得税の累進税率を引き下げ、さらに法人税率も引き下げました。八九年に四〇%だった法人税率は、二〇一八年には二三・二%まで段階的に引き下げられました。消費税による増収は、法人税率の低下による減収でほぼ相殺《そうさい》されています。

一部の財政学者は「九〇年代初頭の所得税累進税率と法人税率に戻せば、消費税を導入しなくても社会保障費の財源になる」と明言しています。

財界からは巨額の政治献金が流れているために、圧力に屈するのでしょう。岸田政権は発足時には富裕層の資産課税を唱えていましたが、いつのまにかそれを言わなくなりました。

この状況は、政治家による人災と言うべきものです。

就職氷河期世代はなぜ政治に無関心なのか

人災にはもうひとつあります。政治を決定するのは有権者なのに、日本の投票率がとても低いことです。驚くことにネオリベ改革からもっともワリを食っている就職氷河期世代の人たちは、ほかの世代と比べても、政治にもっとも冷笑的で消極的な人々なのです。経済界が金にものを言わせているとしたら、対抗できるのは票の力ですが、そうしようとしません。

二〇一五年の安保関連法制への反対運動のときも、国会前に集まるのは六〇代以上と二〇代で、その狭間にいる就職氷河期世代はあまり登場しませんでした。それどころか、彼らは小林よしのりさんの漫画に影響を受けて、政治に興味を持つ人たちを「意識高い系」や「純粋まっすぐ正義君」と呼んで揶揄《やゆ》してきました。その次の世代は小林よしのりさんを知りません。二〇代の若者のなかにはSEALDsのように、社会運動にコミットする人たちが新たに登場しました。

SEALDsの若者たちに、なぜ運動に関わったのかと尋ねると、彼らの語りのほとんどが、「あの大震災のとき、ボクは中学一年生だった」「ワタシは小学校高学年でした」から始まりました。あの大震災とそれに引き続いて起きた原発事故に、彼らが大きな影響を受けていることがわかります。なぜあの人災と言うべき原発事故を止められなかったのか、自分に何ができるのか、と彼らは自問していました。

もうひとつは家庭環境がすごく影響しているということです。日常的に親とテレビやニュースを見ながら「この政治家は問題だ」「この政策は許せない」と会話をしています。彼らが「意識高い系」と揶揄されてもひるまないのは、そういう家庭文化があるからです。

当時六〇代から七〇代の団塊世代は学生運動にコミットした世代ですが、その闘争は敗北に終わりました。それを見ていた下の世代は、バカなことをして自滅したおニイさん、おネエさんたちと冷笑して、政治から距離を置きました。それが世の中の空気を形成していきました。

さらに下の世代になると、無知・無関心で、家庭でも学校でも政治の話をしなくなりました。闘って民主主義を勝ちとった韓国と比べると、日本のように敗戦によって棚からぼたもちのようにもたらされた民主主義は、しっかりと根を下ろさなかったのかもしれません。

就職氷河期世代はフェミニズムに対しても同じように冷笑的な態度をとりました。男を敵にまわしてキャンキャン騒ぐヒステリーのおネエさんたちと。前の世代が叩《たた》かれる姿を見て、あんなにソンなことはするまい、自分はもっとうまくやってみせると学習したようです。自分たちの運命を見過ごしてきたのは冷笑していた彼ら自身かもしれません。

親ガチャは親親ガチャ、親親親ガチャになる

階層格差が拡大するなかで、「親ガチャ」という言葉が登場しました。レバーを引けばガチャンと何が出てくるかわからないゲーム機のように、自分が生まれる家族は選べない、運も不運も偶然で決まってしまう、という一種の運命論です。親ガチャを宝くじと同じように運次第だとしてしまうと、社会的な運動には向かいません。

親ガチャは世代間に引き継がれていきます。再生産サイクルに入ってしまうと、親

ガチャの子どもは、親親ガチャになり、さらに親親親ガチャとなって、アンダークラスに固定される結果になります。

橋本健二さんによれば、アンダークラスとは「低学歴、若年、非正規、単身、およびシングルマザー」の人々をさします。高校進学率はほぼ一〇〇%の全入状態になりましたが、高卒がデフォルトになると高校中退者や中卒者はどこにも行き場がありません。低学歴の人たちが階層の梯子を上るのはきわめて難しい状況があります。

大学進学率は男女ともにおよそ半数、つまり二人にひとりを超えたくらい。少子化とともにいずれ大学全入時代がくると言われていましたが、文科省は大学定員を抑えています。日本は今も学歴格差のある社会です。

経済成長期には中卒や高卒で工場などで働いても、それなりの収入を得ることができました。学歴間賃金格差も企業規模間賃金格差も、今日に比べて相対的に小さかったと言えます。日本の製造業は工場労働者を正社員として雇っていましたから、この人たちのなかには自分を「会社員」と名乗る人もいました。日本は七〇年代までは、国民の経済格差が相対的に小さく、八割以上の人が「自分は中流に属している」と答えるような一億総中流社会だったのです。企業の経営者の年収もそれほど高くはありませんでした。ところがネオリベ改革と並行して経営側にいる人と従業員の年収格差はどんどん拡がり、役員報酬が一億円以上の企業も増えています。

日本は格差社会にギアチェンジしました。日本の社会の世代間の階層流動性は一九八〇年代半ばから低下しています。つまり格差が世襲されるようになったということです。政治家もほとんどがジュニアです。親の階層を子はそのまま引き継ぐようになりました。それを「親ガチャ」という言葉は言い表しています。

格差が拡大すれば日本は二流国に転落する

日本の政権はこの三〇年間、日本のネオリベ化を進め格差を助長するような政策を実行し、国民もそれを支持してきました。不思議なのは、アンダークラスの人たちですらそういう政策を支持していることです。

先述の橋本健二さんの本に、こんなデータが出ています。「チャンスが平等に与えられるなら、競争で貧富の差がついても仕方がない」という考え方への賛否を問うたところ、全体の過半数が肯定しました。所得階層別で見ると、所得が高い層ほど肯定する人の比率が高いのは理解できますが、わたしが驚いたのは、貧困層においても四・一%の人が肯定していたことです。

さらに衝撃だったのは、「貧困になったのは努力しなかったからだ」という意見に賛成するのは経済階層の高さと比例しますが、もっともワリを食ったアンダークラスの人々が、「とてもそう思う」と「ややそう思う」を合わせて三七・三％、約四割が賛成していたことです。その人たちは、自分の貧困は自己責任であって、政治や社会のせいだとは思っていないようです。そうなれば社会や政治を責める代わりに、自分自身を責めるほかありません。自傷や引きこもりなどメンタルな問題を抱えた人々は、「自己決定・自己責任」のネオリベの原則を深く内面化しているように思えます。この人たちはどんなに困っても「助けてほしい」と言わないでしょう。これが「安心して弱者になれない社会」です。

九〇年代に日本の政治が格差拡大、弱者切り捨て路線にシフトしたとき、弱者の側にいる人たちもそういう政治家を支持してきました。小泉郵政選挙の際に、構造改革を推進する小泉純一郎を支持したのは、就職氷河期世代の若者でした。あるいは「どうせやってもムダ」と無力感にとらわれて投票に行くことすらありませんでした。この人々は「不作為」によって現状を追認したのです。

格差社会では社会全体の効率が非常に悪くなります。人々の意欲を引き出せないからです。

今日の日本は二流国へとまっしぐらに進んでいます。二〇二二年のGDPは世界第三位ですが、一人当たりGDPでは三一位、ジェンダーギャップ指数（GGI）は一一六位、先進国では最低レベルです。いえ、もはや先進国とは言えなくなっているかもしれません。

結果として、今、円安が起きています。これがアベノミクスのツケです。通貨の価値とは、国力に対して国際社会が与える評価ですから、円安は世界で日本の評価が低下していることを意味します。わたしは一ドル三六〇円の時代を知っています。その頃には気軽に海外旅行などできませんでした。そこから一ドル七五円まで円高が進んだのに、再び円安になっています。日本は海外からの観光客が「安い！」と喜ぶ旅行先になり、反対にガソリンをはじめあらゆる輸入品がどんどん高くなる衰退国家へと様変わりしました。

繰り返しますが、これは政治による人災にほかなりません。

女を分断した男女雇用機会均等法

ネオリベ改革のもとで女性の分断も進みました。

ネオリベ政治家は、保守政治家と違って、女に「家庭へ帰れ」とは決して言いません。「女性活躍」を口にして、女が家庭でも職場でも働き続けることを求めます。そのほうが自分たちに都合がいいからです。

一九八五年、男女雇用機会均等法が成立しました。同年の国連女子差別撤廃条約の批准に間に合わせてすべりこみセーフでつくった法律です。均等法を女性にとってよい法律だと信じている人が多いようですし、当時大学生だった女性たちは、未来がバラ色だと思ったと言います。

けれどこの法律の影響力を最小限にするために、企業は「コース別人事管理制度」を導入しました。それによって正規労働者は総合職と一般職に分断されました。もっとはっきり言うと、男はほぼ全員総合職に、女は一部の総合職と大多数の一般職に採用時から分かれました。従来の男性職・女性職が、総合職・一般職と名称を変えただけでした。ですが「募集・採用」に際してどのコースを選ぶかは「自己決定・自己責任」とされたために、それまで女性労働者たちが闘って抵抗してきた職場の性差別は、採用区分による処遇格差として正当化され、差別だと告発することさえ難しくなりました。

採用区分が違えば処遇が違ってあたりまえと、一般職は、昇進・昇給において総合職と異なる扱いを受けます。彼女たちの地位はあいかわらず男性社員の補助業務という二流の労働力にとどまっています。

他方、男並みに使える総合職の女は、男並みに使い倒そうというのが企業の意図でした。女を使ってみたら使えることがわかったからです。

均等法成立と同じ一九八五年には労働者派遣法も成立しました。それが正規・非正規の格差を生み出すことになったのは、すでにお話ししたとおりです。それだけでなく、定型的業務に従事すると思われた一般職の正社員は、次々に非正規の派遣社員に置き換わっていきました。それから三〇年以上経って、働く女の半数以上が非正規になりました。非正規には均等法なんて関係がありません。

同じ世代であっても正規職でバリバリと働く総合職女性、正規職でも昇進とは縁のない一般職女性、さらに非正規の既婚・未婚、およびシングルマザーの女性たちが生まれました。そういう女性たちが職場を共有するようになると、女性同士のあいだで利害が一致しなくなります。こうして分断が進むと、女性のあいだの連帯が難しくなります。

ふりかえってみて、あの一九八五年ってなんだったのかと思えば、ジェンダー研究者のあいだでは「女性の分断元年」「女性の貧困元年」「女女格差元年」と呼ぶ人もいます。

今から思えば均等法の成立は日本の女性運動の成功というより、挫折《ざせつ》でした。当初女性たちが要求したのは男女雇用平等法だったのに、与えられたのは男女雇用機会均等法でした。最終段階で、この法案の成立にほとんどの女性団体が反対にまわりました。均等法成立の立役者、当時の労働省婦人少年局長、赤松良子《りょうこ》さんは「たらいの水ごと赤ん坊を流すよりは」と成立に尽力したと言いますが、「こんな法律なら、ないほうがマシ」と言う人もいたくらいです。わたし自身もこの法律が成立したときのあのなんとも言えない敗北感を今でも覚えています。こうした歴史的な経緯は覚えておいたほうがよいでしょう。

では、なぜ多くの女性団体が反対したのでしょうか。それは女性が闘って獲得してきた労働基準法の女子保護規定を捨てさせられたからです。経営側は「平等を求めるなら保護は捨てろ」と二者択一を迫りました。労働基準法では、母体保護を目的に、生理休暇、夜間労働の禁止、危険有害業務の禁止等が定められていました。これは女性労働者が闘って得たものでしたが、それらを手放せと要求されたのです。

それと引き換えに得られた平等とは、名目だけのものでした。均等法で禁止されたのは福利・厚生、教育・研修の分野に限られ、肝心の募集・採用、配置・昇進については努力義務とされ、違反しても罰則はなかったからです。

つまり均等法が約束したはずの男女平等とは絵に描《か》いた餅にすぎないということ。それなのに実質的な女子保護規定は捨てさせられたのですから、これはやらずぶったくりのアンフェア・トレードでした。

女性団体は「保護か平等か」の二者択一に対して「保護も平等も」と要求しました。夜間労働や危険有害業務が女性に対して禁止されているなら、男性にも禁止すればよいと要求しましたが、はねつけられました。男性の働き方のルールはそのままで、女性が同じ土俵に上がって競争させられることになったのです。これは男並みのルールのもとで競争する「機会の平等」であって、「結果の平等」ではありません。

男たちがつくった土俵では、深夜残業や休日のゴルフ、転勤は当然のこととしてこなさないと一人前と見なされません。女は、そんな土俵に上ることは難しい。男たちが免れている家事や育児など家庭責任を背負っているからです。男たちが家庭を顧みることなく働き続けることができたのは、家に主婦がいたからこそ。男並みの競争ルールのもとでは、女性はハンディ付きの競争を強いられます。これは女性にとって敗北が運命づけられた競争でした。そして女性が男並みに働けないと「自己責任だ」と言われます。均等法が示した「機会の平等」とは、こういうものでした。

均等法は女に不当な働き方を要求した

当時、均等法に賛成していた女性たちもいました。管理職の女性や新聞社に勤務する女性ジャーナリストたちです。当時、メディアで働いていたエリート女性記者たちは、労働基準法の女子保護規定、とりわけ夜一〇時から翌朝五時までの深夜労働の制限が昇進の妨げになっていると感じていました。一〇時になったら同僚を置いて職場から帰りなさいと言われたら、企業や官公庁の管理職も務まりませんし、夜討ち朝駆けの記者業務にも支障が出ます。それまでは夜勤のない婦人家庭部や学芸部など「婦人科ゲットー」に限られていた女性記者の業務も、深夜労働が解禁されることで、女性記者の支局勤務や夜勤、サツまわりが可能になりました。

そういう点で、均等法が女性の職域を拡大したことは事実です。一部の女性たちにとってはたしかにメリットがありました。

しかし大多数の働く女性にとっては、名目だけの平等に対して実質的な保護が失われることは、労働条件が変わらないまま労働強化が進むと予想され、そしてその予想どおりになりました。当時すでに情報機器の登場でキーパンチャーなどの職種に女性が就き、高額のコンピューターを夜間休ませておくのはもったいないと、女性の長時間労働が推進されていましたから、この予想は現実味を帯びていました。この女性たちが腱鞘炎《けんしょうえん》などの労働災害を経験したことはご存じのとおりです。

総合職・一般職は性差別だった

均等法施行に当たって企業はどんな対応をしたか。ほとんどの大企業は、コース別雇用管理制度を導入しました。男女別の雇用管理を禁じられることになったからです。基幹業務を担う総合職と補助業務を担当する一般職というふたつのコースを設けて、募集に際して応募段階で選ばせるようにしました。男性は全員が総合職採用で、まれに一般職に就きたいという人がいても人事部は「悪いようにはしないから」と総合職に誘導しました。他方、総合職をめざす女性は、厳しい競争に勝ち抜かなければなりませんでした。

結果、ふたを開けてみたら、男性は一〇〇%総合職、女性はわずかな総合職を除いてほぼ一般職。つまり一般職に就いたのは一〇〇%女性でした。一般職は補助業務ですから総合職のように昇進・昇給しません。あとから来た総合職の男子社員が、新入社員のときに彼を指導した一般職女性の賃金やポストを数年で追い抜いていきます。けれど企業側は、処遇格差は採用区分による区別であって性差別ではないと言えるようになりました。しかも雇用者側も「自分で選んだ」から不当だと訴えることができなくなりました。

それ以前の職場の男女格差はしばしば学歴格差で正当化されてきました。大卒男子に対して女子社員は高卒・短大卒を採用してきたからです。企業は男性並みの学歴を持った大卒女子をどう使えばよいか、困惑していました。

いっぽうの総合職女性たちは男並みに働くことを求められたうえに、女並みの気配りも要求されました。均等法初期には、職場に笑い話のようなエピソードがいくつもあります。

そのひとつにお茶汲《く》みがあります。当時の職場には女子社員が定時より早く出社してお茶汲みをする習慣がありました。それも社員ひとりひとりのマイ・カップやお茶の好みを覚えて定時にお茶を用意し、灰皿を洗う（当時の職場はまだ禁煙ではありませんでした）という煩瑣《はんさ》な業務でした。各職場にひとりとか二人とか配属された新人の総合職女性を、このお茶汲みローテーションに組み入れるべきかで上司は悩んだといいます。賃金の高い総合職女性をお茶汲みに使っては効率が悪いが、他方そうしないと、古参の女子社員のなかで浮いてしまうからです。

その後、職場のお茶汲みは廃止され、給湯器やティー・サーバーでセルフサービスするようになりましたが、その過程には「なぜ女だけがお茶汲みをしなければならないの？」と異議申し立てをした先輩女性たちがいたことを、忘れないでください。「たかがお茶汲み、されどお茶汲み」なのです。

そのほかにも、総合職女子に制服を着せるかどうかで悩んだ職場もあります。当時女子社員にのみ制服着用を強制する会社も多かったからです。

さらにランチタイム・ポリティックスというものもありました。ランチタイムに女子社員同士が誘いあって出かける際に、総合職女子に声がかかるかどうかというインフォーマルなパワーポリティックスです。ある総合職女子は弁当を持ってくるたびにもの珍しそうに覗《のぞ》かれたと言います。それほど当時の職場は、総合職女子の取り扱いにとまどっていたと言えます。

職場の困惑はもとより、そのなかで珍獣扱いされる若い女性たちのストレスや居心地悪さは想像にかたくありません。事実激しい競争に勝ち抜いたはずの均等法一期生の総合職女性の離職率は、驚くほど高いものでした。

企業は女性の能力をムダにしている！

このように女性たちは総合職と一般職に分断されました。

学歴格差は能力格差ではなく、親の教育投資格差の結果です。息子は無理をしても大学へ送りこむ親たちは、娘には高校や短大でよいと考えがちです。とりわけわたしたちの世代では、高卒が女性のデフォルトでした。わたしが通った地方の公立共学高校には、高卒で地元金融機関に就職する女子が何人もいて、企業から重宝がられていました。彼女たち女子行員は男性銀行員の配偶者予備軍として、結婚退職が期待されていました。そのなかにはわたしの目から見てもものすごく優秀な人たちがいましたが、企業はそういう人たちを男性社員の補助業務に固定し、彼女たちの潜在能力を生かそうとはしませんでした。

コース別人事管理制度のもとで、一般職は最初から別のレールを走らされます。それに不満を持っても、応募の段階で自分で選択した自己責任ですから、企業は性差別ではないと言い逃れができます。

数年経って企業の人事担当者から反省の声が聞かれるようになりました。もしかすると一般職で採用した女性には、とんでもないのび代《しろ》があったかもしれません。仕事を続けているあいだに、もっと働きたい、もっと成長したいと思うようになることもあるでしょう。一般職の勤続年数も延びる傾向にありましたから、ベテランの女性を補助職のままに固定しておくことは企業にとっても損失になる可能性があります。人事担当者のなかには採用区分なしに採用したうえで三年ぐらい働きぶりを見てからコースを振り分けたほうが効率的だったと言う人もいましたし、企業によっては一般職から総合職へのコース転換制度を導入したところもありました。ですが、コース転換制度は上司の推薦に加えて難しい試験を突破するなどハードルが高く、本当に企業が使い物になると認めた人材だけを精選する選抜制度でした。

後に一九九九年の改正均等法で、雇用の核心に当たる募集・採用、配置・昇進における性差別が努力義務から禁止規定に変わったことを受けて、野村證券訴訟《そしょう》や兼松訴訟では、コース別人事管理制度が公序良俗に反するとして会社側に損害賠償を求める判決が出ました。ですが、今でも多くの企業ではコース別人事管理制度が実施されています。コース別人事管理制度は企業が性差別を温存する隠れ蓑《かくれみの》でした。

そのときわたしが感じたのは「なぁんだ。総合職と一般職って、学生運動のなかのゲバルト・ローザか救援対策の天使かの、女性の分断支配と同じだ」ということでした。

学生運動に参加していた女たちは二種類に分かれました。ひとつは男に負けまいと「女だてらに」男と同じように最前線に立つ女たち、もうひとつは「男と競合してもムダ」と、後方支援の女性役割を自ら引きうける女たち。

当時の東京大学に「ゲバルト・ローザ」という異名を持つ女子学生がいました。ゲバルトはドイツ語で暴力という意味です。彼女は男性同志たちと同様にヘルメットをかぶってゲバ棒（角材）を持ちましたが、その姿は戯画化され揶揄されました。女は「名誉男性」になっても、二流の戦力、二流の兵士としか認められません。他方、「救援対策の天使」とは、男性同志が逮捕されたあと、拘置所《こうちしょ》に差し入れに行く役割です。そのほかにバリケードの後ろで性的に活発な女子学生は、男性たちのあいだでひそかに「公衆便所」と呼ばれて、「慰安婦」の役割もさせられていました。

なるほど総合職は、ゲバルト・ローザ、一般職は救援対策の天使に当たります。学生運動のときと同様に、男たちが都合のいいように女を使い分けようとしたものでした。

均等法成立の一年後、労働省は「施行細則」を発表しましたが、それによると「女子のみ募集」は違反には当たらないとされました。「均等法の趣旨は女性の職域拡大であるから、女子のみ募集は均等法違反に当たらない」というのが政府の言い分でした。そのため、これまでの女性向け職種は温存されました。求人票の九割以上が「男子のみ」という時代と比べればまだマシですが、男女平等にはほど遠いものだったのです。

均等法は、雇う側の企業が何も変えなくてすむようにつくられた法律でした。男並みに働きたいという少数の女性に門戸を開いただけ。企業は、女性が働きやすい環境を整えようとはしませんでした。結果、女性の能力を生かせないという大きな損失を生みました。こういう職場でイノベーションなんて起きるわけがないでしょう。結果、政界と財界が守ったのが男性稼ぎ主モデルでした。それに同調したのが男性主導の労働組合でした。これも政界・財界・官界・労働界のオヤジ同盟がつくった人災と言えます。

こういう事実をメディアは十分に伝えません。女性記者たちも均等法のネガティブな面は書かず、自分たちのような首都圏の大卒エリート女性に届くような記事ばかり書いていましたから。

総合職女性がハマった働く女の美学とは？

均等法第一世代で総合職を選んだ女性たちは、女であることを外に見せないようにして働いてきたと言います。この世代の生き残り組には、シングルか結婚しても子どもがいないか、いてもひとりっ子がやっとという女性たちが多いようです。子どもを産んだ女性も、しばしば祖父母の援助を得ることができるという恵まれた条件にありました。

両親を近くに呼び寄せて子育てを手伝ってもらったというジャーナリストの浜田敬子さんは『働く女子と罪悪感』（集英社、二〇一八年）という本を書いています。この本のタイトルを見たとき、女性は罪悪感なしに働くことさえできないのか、とドキリとしたことを覚えています。次作の『男性中心企業の終焉』（文春新書、二〇二二年）に、「子育てを親に頼るべきか否かで葛藤する下の世代の後輩から、親に子育てを依存することに葛藤はなかったのかと何度も聞かれた」とエピソードを書いています。彼女は「（葛藤など）ない」と答えています。彼女がそう答えたときのつらさが、わたしにはとてもよくわかります。ほかに選択肢がないために、葛藤する余地すらなかったからです。

浜田さんは管理職になったある日、同じ職場に自分と同じようにワーキングマザーをやってきた同僚の女性が何人もいることに気がつきます。そして、なぜ今までそれに気がつかなかったのだろう、と自問します。答えは、自分自身を含めて母親労働者たちが、私生活の気配を消して働いてきたことでした。

そうやって家庭人としての顔を見せないようにして、あたかも家庭がないかのようにして働くのが、働く女の生きる道だと彼女たちは思いこんでいました。均等法が女性たちに「男並みに働くこと」を求めたからです。長いあいだ、家庭の匂いをさせないことが、働く女の美学だと思われてきました。

一九八七年の「アグネス論争」を知っていますか。タレントのアグネス・チャンさんがテレビ番組の収録に乳児を連れてきたことに対して、賛否両論が巻き起こりました。

このとき「子どもを職場に連れていくことは、働く女の美学が許さない」「職場をなんだと思っているんだ」という意見が女性側からも出ました。職場は神聖なものだから、私生活の匂いを持ちこむなと。芸能界の重鎮、淡谷のり子さんは芸能人は夢を売る仕事、私生活の匂いをさせてはならないと苦言を呈しましたし、林真理子さんや中野翠《みどり》さんも「いいかげんにしてよアグネス」とそれに同調しました。

けれどその美学は、美学だとわたしたちが間違って思いこまされていたものです。男が職場に私生活の匂いを持ちこまずにすんできたのは、家事や育児を担ってくれる専業主婦の妻がいたからこそでしょう。わたしは朝日新聞に「働く母が失ってきたもの」という投稿をして、この論争に参入しました。わたしが「論争に強い」と言われるようになったのは、このあたりからです。

出産を終えていざ職場に出ていこうとした女たちが、その美学にがんじがらめになってしまったのは、均等法が「男と同じに働けるか?」「女の気配を消せ」と女が男並み化することを求めたからです。

均等法を「テイラーメイドの法律だ」と喝破《かっぱ》したすぐれたジェンダー研究者が大沢真理さんです。「テイラーメイド」とは「紳士服仕立て」の意味。カラダに合わない紳士服にむりやり身を合わせることのできる女だけが職場で生き残れる、すなわち「女が男並み化するなら認めてやる」という法律でした。最近になって「働き方改革」が叫ばれるまで、男の働き方が問われることはありませんでした。

均等法からおよそ四〇年、ポスト均等法一期生と呼ばれる人々のなかから、「初の女性部長」や「初の女性役員」が生まれていますが、その人たちは数少ない生き残り組。その過程には涙を呑んで離職していった女性たちの死屍累々《ししるいるい》があるはずです。

働き方を変えるべきは男なのに

男並み化した均等法第一世代は、たくさんのツケを払ってきました。エリート女ほど、「オレたちと同じ土俵で戦えるのか」という煽《あお》りに乗せられがちです。彼女たちはパフォーマンス力が高いから、無理な要求にも応じることができてしまいます。エリート女は男並みに働いたうえで、家に帰って夫を動かすよりも自分がやったほうが早いからと、サクサクと家事をこなします。そうやって結局、男たちを家事育児から免責してしまいます。

キャリアコンサルタント、中野円佳《まどか》さんの『育休世代のジレンマ』(光文社新書、二〇一四年)は、「男並み」の意欲と能力の高い総合職女性たちが、出産・育児という「女並み」の理由から育休取得後に離職する事情を実証的に研究したものですが、自身もエリート社員である彼女たちは、同じようにエリート社員である夫に「理解と同情」があるために、最初から育児戦力として夫をカウントしないという傾向があることを指摘しています。

夫に期待して夫の不機嫌な顔を見るより自分でやったほうが早くすむし、夫婦関係のトラブルも起きないというのはわかりますが、子どもが生まれても夫のふるまいが一切変わらず、夫との関係性も変わらないとしたら、不満が募るいっぽうでしょう。自分が一番テンパっていた子育て期に夫に対してたまった不満は、たとえ抑えこんでもなくなるわけではありません。将来にわたって「あのときあなたは…」とルサンチマンが甦《よみがえ》ることでしょう。そしてそのルサンチマンは夫との関係を腐食していきます。なぜ妻たちは夫と正面から交渉することをせずにすませてしまうのでしょうか。

彼女たちは夫を変える代わりに自分を変えることでサバイバルしてきました。たまたまそれができる能力や体力があったからです。そして「わたしにはできたのに、どうしてあなたにできないの？」と次の世代に迫る人もいます。

弁護士同士、医師同士などの高学歴パワーカップルであっても、妻が就労を抑制して、夫のキャリアを優先する傾向があります。出産離職して非常勤で働く女性医師もいます。ダブルインカムでそれなりに経済力があるのに、ベビーシッターなどの外部育児資源を使わないケースも多いようです。「子育ては母の手で」という呪縛《じゅばく》が強いせいでしょう。

そうやって女は自身のキャリアを犠牲にします。さもなければ男並みに働いて家庭を持つことを断念したり、果ては体を壊したりします。なぜ女だけが一方的にツケを払わなくてはいけないのでしょうか。

今、彼女たちは次の世代から「上の世代のように自分たちは犠牲を払いたくない」「あなたのような生き方は、自分たちのロールモデルにならない」と突きつけられています。ようやく女たちは、男並み化することが不当だとわかってきたのでしょう。それには三〇年以上かかりました。「働き方改革」で問われているのは、むしろ男の働き方を変えるべきだということです。

均等法は企業の都合を優先せよという圧力に屈した

均等法成立に当たって、経営者団体は激しく抵抗しました。法案を審議する審議会の席上、経営側委員に労働側委員は譲歩に次ぐ譲歩を強いられました。果ては女性の側から「こんな法律ならいらない」となったのは、前述したとおりです。

均等法をつくった立役者とされている、当時の労働省婦人少年局長赤松良子さんが均等法三〇周年の節目に朝日新聞のインタビューに答えて、当時の中曽根首相と官庁ですれ違ったときに「資本家の走狗《そうく》になることを覚悟で」と言われたと証言しています。

同様の証言は、ほかにもあります。均等法三〇周年を記念するNHK番組では、当時の審議会の経営側委員が「実効性が上がらないようにつくってもらいました」と証言しました。驚くほど正直でした。

赤松さんご自身は「何を譲歩したかは自覚しているが、今通さなければ将来にわたってもハードルが高いと思って法案成立に尽力した」と言っています。いったん法律を通してから、改正を続けてよくしていけばよい、と。

赤松さんは、NHKの『プロジェクトX～挑戦者たち～』にも「女たちの10年戦争『男女雇用機会均等法』誕生」というテーマで登場しました。「男たちは闘った…」とナレーションが入る番組で、初めて女性が主役になった番組でした。そのなかで「どんなことがあっても通したことはよかった」というのがご本人の評価でした。この番組は、女性官僚の成功物語として描かれ、当時どれだけ反対運動があったかにはまったく触れられていませんでした。こうして歴史は改竄《かいざん》される、と思ったものです。

均等法三〇周年のとき、日本学術会議の女性会員が中心になって「均等法は『白鳥』になれたのか」という、別名「白鳥シンポ」を開催しました。「白鳥になれたのか」というのは、「みにくいアヒルの子」として生まれた均等法が、その後大化《おおば》けして白鳥になれたかを問うたからです。

基調報告をしたわたしの結論は「均等法は白鳥にはなれなかった、それどころかネオリベの鴨《かも》になった」というもの。総合職というのは囮《おとり》のカモでした。「こうやればあなたたちも出世できる」と言われて、アンフェアな競争に巻きこまれていったのです。均等法の成立当時、若い女性たちに「歯を食いしばって職場でがんばれ」と励ますことがフェミニズムなのだろうか、いやそんなはずはない、と感じたわたしの直感は当たりました。均等法に対する専門家の評価は概して厳しいですが、このシンポでの結論は、「ないほうがマシ」だったか「ないよりマシ」だったかといえば、その後の数次の改正を経て、「ないよりマシ」だったというところに落ち着きました。

セクハラは職場の潤滑油!?

男女雇用機会均等法で評価できるのは、一九九七年の改正（一九九九年施行）で募集・採用、配置・昇進に対して努力義務が義務に変わったことだけでなく、事業主にセクシュアルハラスメントの防止と対応を義務化したことです。この改正には劇的な効果がありました。

それまでは女性がセクハラを訴えたら、経営側は被害者をクレームメーカーとしてまずそちらを切ろうとしました。加害者はたいてい中間管理職以上ですから、組織防衛のために守るべきはそちら。そこで被害に遭った女性を孤立させて退職に追いこむようなこともやっていました。

経営側に言ってもどうにもならないからと労働組合に持っていくと、「労働組合は私人《しじん》間の問題には介入しません」と言われました。会社も労組も取り合ってくれないとしたら持って行き場がないため、泣き寝入りするか、会社を辞めるかしかありません。

どうしてもガマンできない人は、訴訟に踏み切りました。セクハラ訴訟の第一号は一九八九年。この年は「セクシュアル・ハラスメント」が新語・流行語大賞になった年です。週刊誌や月刊誌の電車の吊《つ》り広告にはセクハラを揶揄するような文言もありました。「それなら女はみんなズボンを穿《は》け！」とか『きれいだね』もセクハラか。ギスギスする職場」とか。ボディタッチや下ネタは職場の潤滑油《じゅんかつゆ》で、油が切れるとギスギスするから女は許容しろ、という「常識」がまかり通っていました。

その後、セクハラ裁判の件数が増え、勝訴率も上がり、罰金も高くなりました。日本で最初の福岡セクハラ裁判の原告支援団の団長であり、日本でもっともセクハラに詳しいと言われる牟田《むた》和恵さんに、『部長、その恋愛はセクハラです!』(集英社新書、二〇一三年)という著書があります。頼まれてその帯をわたしが書きました。「諸君、晩節を汚《けが》さないように。あの人が昇進したら贈ってあげよう」って。セクハラは職場にあってあたりまえのものから、あってはならないものに変わったのです。それまでに裁判闘争や告発、地道な調査研究などが積み重ねられてきたことは忘れてはなりません。

大学学生部の就職課が教えることといえば、エントリーシートの書き方やお辞儀の仕方、面接のノウハウなどですが、そんなことより、職場に入ってトラブルがあったときにどうすればいいかを、労働基準法や改正均等法などの法的根拠を示して、自分の身を守る術《すべ》をちゃんと学生たちに教えて卒業させたほうがよいと思います。そういうことをやる大学がほとんど存在しないのはとても残念です。

セクハラは企業のダメージになる

一九九七年の均等法改正で、事業主に対するセクシュアルハラスメントの防止と対応とが義務化されました。それ以降、企業はセクハラ相談窓口をつくったり、セクハラ研修をするようになりました。セクハラが一種の労働災害、それも人権侵害として認められたことで、ようやく被害者が被害者として扱われるようになりました。

均等法が改正されてからセクハラ研修は、一八〇度転換しました。それまでのセクハラ研修は、被害者になる可能性が高い女性社員が対象で、「こういうことに気をつけて、被害に遭わないようにしなさいよ」というものでしたが、改正均等法以降は、セクハラの加害者になる可能性の高い中間管理職以上の男性を対象にするようになりました。これでセクハラ研修業界は、ものすごくマーケットが拡大しました。東京大学でも年に一回、セクハラ研修を全学の教授会に対して実施しています。教授は加害者になる可能性の高いハイリスクグループだからです。

法律ができたことで、企業側のリスクマネジメントは、被害者を切るのではなく、加害者を一刻も早く切ることが正解に変わりました。

二〇一八年に財務省の福田淳一事務次官（当時）がテレビ局の女性記者にセクハラ発言を繰り返したことが発覚したとき、財務省は事実の認否もとらないうちにさっさと本人からの依願退職を認めましたが、あれは組織のリスクマネジメントの定石です。その対応に批判が殺到して、財務省は本人の退職後にセクハラを事実認定して退職金を二〇％減額するという処分をしました。批判がなければそのまま退職金は満額支払われ、本人のキャリアに傷が残ることもなかったことでしょう。

非正規・フリーランスにも保護規定が必要

こうして企業で働く人たちは守られるようになりましたが、非正規やフリーランスに対するセクハラやパワハラに対応するのはハードルが高いです。二〇二三年にフリーランス新法が成立しましたが、適用対象になるのは継続的に契約関係にある人のみ。一回限りの契約では適用対象になりません。

彼女たちの弱点は、横の連帯がないこと。孤立しているから交渉力がありません。それだけでなくクライアントとの個別の交渉過程で条件をコントロールされるので分断されます。未払いや雇い止めで困っているなら非正規ユニオンに相談するとか方法がないわけではありませんが、互いに競争関係に置かれますので、連帯することが困難です。フリーランスの人も、自分から声を上げることが難しい。文句を言ったらすぐ干されます。代わりはいくらでもいるからと。

俳優の森崎めぐみさんは、芸能界で仕事をする俳優やスタッフの労災認定に長いあいだ取り組んできた女性で、二〇二一年にこの人たちが労災保険に加入できるよう制度が改正されたのは彼女の功績です。芸能界は俳優もスタントマンやカメラマン、小道具などのスタッフもほとんどがフリーランスで、撮影中にケガをしても補償がありませんでした。それで森崎さんは、安心して働けるようにと、取り組みを始めたそうです。

彼女はパブリックリソース財団が主催する「女性リーダー支援基金〜一粒の麦〜」の二〇二二年度支援対象者にも選出されました。こういう地道な取り組みがあって初めて、制度が整えられたことも知っておいてください。

世の中を変える力を持つには？

世の中をジェンダー平等に変えたいと思えば、変えることができます。方法のひとつはジェンダー統計と呼ばれるデータを、エビデンスとして提示して、否定できない実態を示すことです。

それに先鞭《せんべん》をつけたのがジャーナリストの津田大介さんです。「あいちトリエンナーレ2019」の芸術監督だった津田さんは、美術界のジェンダー・バランスに注目して参加作家を男女同数にすることを提言しました。

彼はそのとき、美術大学の新入生はほとんどの大学で女性が七割を超えているのに教員は男性が八、九割を占めることや、美術館の学芸員は女性が六割を超すのに館長となると男性が八割を超すこと、国際芸術祭でも参加するのは男性作家が八割近くを占めるというデータを示しました。それで今回は、出品アーティストの半数は女性にすると表明したのです。

これまで「アートの世界は実力で決まる」「すぐれたアートに性別は関係ない」と言われてきました。しかし以上のデータからは、なんらかの人為的・構造的な要因があることが、疫学的に証明できます。個々の差別は立証できなくても、統計的差別があることを数字で示すことで「女に能力がないから、こういう結果になるんだ」という偏見に対抗できるようになります。

その後、二〇二二年に「表現の現場調査団」ができて、美術だけでなく音楽や演劇、文芸、映画、建築分野などの「ジェンダー統計」を公表しました。美術館で個展を開催しているアーティストの男女比や、美術館が購入した作品のアーティストの男女比、文学賞の審査員の男女比、受賞者の男女比などをあきらかにしています。

ちなみに楽団の団員は五五・二％が男性、つまりやや男性が多いくらいなのに、常任指揮者や音楽監督となると九六・九％が男性です。これも「あれ？」と思いませんか？　なぜトップに立つ女がそんなに少ないの？　と。

にもかかわらず「アートは性別を超越する」という思いこみ（芸術至上主義とも呼びます）のおかげで、自分を「女性アーティスト」とくくられることに抵抗する女性もいましたし、ましてや「性を超えた」とか「たんなるフェミニズムではない」といった表現が高い評価につながるという傾向さえ、アートの世界にはありました。二〇二二年には金沢21世紀美術館で「フェミニズムズ」展が開催されましたが、出品作家の誰ひとりとしてそのタイトルに抵抗を示した人はいないと聞いて、時代が変わったと感慨を覚えたものです。

世界経済フォーラムが毎年発表するジェンダーギャップ指数の世界ランキングもそのようなジェンダー統計のひとつです。日本社会には「日本の女は十分に強くなった」「日本にはもはや性差別はない」などと言う人もいますが、「このデータが目に入らぬか」と示せば、誰もそれを否定することはできません。

もうひとつは、意思決定権を持つ人がそれを行使することです。その点でも「あいちトリエンナーレ」の際の津田さんは、参考になる前例を残しました。津田さんが朝日新聞の論壇時評を担当したときに、論壇委員として協力した治部《じぶ》れんげさんはこう言います。「ジェンダー平等の重要性を『話す』人はたくさんいるけれど、意思決定権者が実行に移すことは多くないから『これはすごい』と思いました」と。津田さんはその少数の人のひとりです。彼は芸術監督として意思決定権を握ったからこそ、出展作家を男女半々にすると意思決定してそれを実行しました。すでに予算の大半は既定の出展作家にまわっていたため、男女半々を実現するための補充予算を、自ら獲得するために走りまわったと言います。ちなみに論壇時評を引きうける条件が論壇委員を男女半々にすることだったとも聞きました。その効果はさっそく現れました。論壇委員のなかに女性がひとりだったときには、そのひとりの女性にジェンダーに関連する発言が集中していましたが、半々にすると男性委員も女性委員もともに自分の専門分野でのジェンダー課題に言及するようになったそうです。

生き残りたいならスペシャリストをめざせ！

日本の企業は、これまでメンバーシップ型雇用で、社内のあらゆる仕事に対応できるジェネラリスト養成をめざしてきました。欧米の企業に多いジョブ型雇用は「あなたはこの組織でこの仕事を担当してください」と職務内容を明確にしますが、日本では「言わなくてもわかるだろう」という暗黙知のもとで、ほかの人の分もカバーできるような融通無碍《ゆうずうむげ》な人材を育て、突出したリーダーもいない代わり、どんぐりの背比べのような集団によるチームワークでもって組織をうまくまわしてきたのでしょう。

仕事後の飲み会や休日のゴルフ、喫煙室などで業務に必要な会話がなされたり、人事が決まったりすることもありました。そのホモソーシャルなコミュニティに、女はなかなか入りこめません。職場の暗黙知も持たないし、入ったらノイズを立てると言われてきました。

けれどそういう職場の暗黙知に通暁《つうぎょう》したジェネラリストは、転職が難しい。そのスキルには汎用性《はんようせい》がなく、よその会社では使い物にならないからです。

これからの社会で生き残っていくためには、スペシャリストになることです。営業の能力が高い人であれば、そのスペシャリティはどこの組織でも使えます。食品会社で営業をやっていた人は、車を売る能力も高いでしょう。その能力が買われてヘッドハンティングされる人もいます。

スペシャリストになればひとつの企業にしがみつかなくてすみます。たとえその企業がつぶれても、あなたのスキルは別の組織で使えます。

わたしが仕事をする編集者も本をつくるスペシャリストです。わたしの著作は出版社にとっては商品ですが、わたし自身は出版社とではなく編集者と組んで仕事をしているという気持ちが大きいですから、編集者が会社を移れば、その人についていきます。

そしてわたし自身も研究者というスペシャリストです。研究者は転職してなんぼ、優秀な研究者は、大学や研究機関などを移りながら自身の業績を蓄積していきます。

これまで多くの日本企業は、そういう人事管理をしてきませんでした。「言わなくてもわかるだろう」とツーカーで通じる組織文化の好きなオッサンたちが日本企業を維持してきました。それこそが多様性を排除し、今の停滞を招いています。

ジェンダー平等を推進し、多様性を取り入れることで、企業のパフォーマンスが上がり、業績が向上し、利益率が上がることは、各種のデータからすでに証明されています。今日企業にダイバーシティ推進を勧める説得のディスコースのひとつは、「女を使うと儲《もう》かりますよ」ですが、にもかかわらず、日本の企業はいっこうに変化しようとしません。営利企業の存在理由は営利、すなわち「利益の最大化」、それならよりよいパフォーマンスを求めて経済合理性を追求するのが当然ですが、そうならないのはなぜでしょうか？　彼らは経済合理性よりもいったい何を優先しているのでしょうか？

それがわたしには謎《なぞ》でした。わかったのは、これまで日本の企業は労働者の能力ではなく忠誠心を重視してきたということです。それによって彼らが守ったのはホモソーシャルな組織文化の再生産でした。長いあいだその組織文化を維持してきたために、「やめられない止まらない」慣性が働いています。そのうえ、それでかつてはうまくいった成功体験までついています。

わたしは企業の経営者に、現状維持を続けていればジリ貧はまぬがれない、現状を維持するためだけにも変化が必要だと言っています。その声が届かないのは、日本企業の経営者にまだ危機感が足りないからでしょうか。ですが、もっと深刻な危機が来たときには、もはや手遅れではないか、と危惧《きぐ》するくらいです。

四〇代、五〇代で再チャージするのが長く働くコツ

スペシャリストになることは、これからの社会で生き延びるひとつのやり方です。わたしはジャーナリストにも、自分の得意分野で情報も人脈も蓄積していくといい、とアドバイスしています。最近なら成長マーケットは介護業界。介護のスペシャリストになるのもいいかもよ、と言っています。

ですが、たったひとつのスペシャリティでは十分ではありません。組織にダイバー

シティが必要なように、個人にもひとりダイバーシティが必要とされる時代です。なぜならこれから必要とされるのは情報生産性の高い人材、そして情報とは異なる文化のあいだの接触から生まれるものだからです。

情報とはノイズが転化したものである、という命題は情報工学の基本のきです。ですからノイズなきところには情報そのものが生まれません。情報とは一〇〇のノイズのなかから数個の意味のあるメッセージが転化したものですから、情報生産性を高めようと思ったら、ノイズの発生装置をつくる必要があります。東京五輪組織委会長だった森喜朗《よしろう》さんが「女性の入る会議は長くなる」と発言して問題になりましたが、「会議が長くなる」のはそのときその場でノイズが発生している証拠です。それまで森さんが経験してきた会議がもっと短時間ですんでいたとしたら、それは会議の始まる前に根回しと忖度《そんたく》で結論が決まっており、会議がそれを追認するだけのものだったからでしょう。こういう会議ではノイズは発生しません。それどころか暗黙知の支配する日本のホモソーシャルコミュニティは、ノイズの発生を抑制する装置として働いてきました。

女性は男性中心の組織文化に対して異文化ですから、そこでは異文化摩擦が起きます。摩擦は調和や同調を好む人たちにとっては不愉快なものです。ですが、この摩擦を楽しめるかどうかで情報生産性が違ってきます。

わたしはいつもつくづく思うのですが、子育て中の女性はOA化の進んだハイテク職場と、乳幼児のいる家庭とを毎日往復しています。高等教育の年限が長くなったのは、今日の職場で仕事をしようと思ったら英語のリテラシーだけでなく情報技術のリテラシーなどさまざまな能力が必要になったからですが、他方、生まれたての赤ん坊は二〇万年前にホモサピエンスが誕生したときと、ほとんど変わっていません。となるとワーキングマザーは毎日二〇万年分の時差を往復していることになる…この目の眩《くら》むような異文化の落差から、ノイズが生まれないわけがありません。しかも家事・育児を担当する女性は、子どもをあやしながら料理もし、同時に洗濯機も回す、といったマルチタスクもこなせます。もちろん男性だって、家事・育児をやってみたら、自分がマルチタスクをこなすスキルを身につけていることに気がつくでしょう。こういうスキルを生かさない手はありません。

ひとりで二股をかける、どころか三股も四股もかける人材がこれから必要になります。この道一筋では、技術の陳腐化に伴って、人材そのものがスクラップ化されかねないからです。外国語だって、英語と日本語のバイリンガルだけでなく、三カ国語が話せるほうがよいでしょう。言語ができることはその言語を通じて世界がその分だけ拡がること。複数の言語ができることは、世界に対する見方が複眼化するということです。

企業が社員に「副業」を勧めるのは、たんに企業が十分な賃金を支払えないからではありません。社員が異文化を経験してくることは、企業自体にとっても利益になるからです。そのなかにはカネになるスキルもカネにならないスキルも両方あっていいでしょう。他人の役に立つスキルも、なんの役にも立たない極道もあっていいと思います。推し活やオタク趣味だって、どこでどう生きてくるかわかりません。それ以上に多様な経験は、人生の幅を拡げ豊かにしてくれます。

わたし自身の経験をお話ししましょう。研究者はスペシャリストの一種ですが、わたしは五〇代のとき、自覚的に専門分野を介護の領域へとシフトしました。福祉業界はわたしにとっては未知の世界でしたので、見るもの聞くものが新しく、驚きの連続でした。現場にもずいぶんと足を運んでフィールドワークをし、それをもとに一〇年かけて『ケアの社会学——当事者主権の福祉社会へ』(太田出版、二〇一一年)という本を出しました。

わたしは若い頃から、先輩研究者たちの仕事をジーッと見ていて、五〇代はさぞつらかろうと思っていました。クリエイティブな仕事をしている人ほどそうだと感じました。五〇代は功成り名遂げてその分野のエスタブリッシュメントになる人生のピークですが、他方で、ひとつの分野で仕事を続けているとたいていの人は煮詰まってきて、生産性が落ちる年齢でもあります。社会的な名誉と内面の生産性の枯渇《こかつ》のギャップに、誰よりも気がついているのは本人自身です。にもかかわらずメディアや世間は過去の名声によりかかって、同じことのリピートを要求します。そうなれば、これまでやってきた仕事の自己模倣を始める人もいます。そのつらさを本人が自覚しているだろうと先輩たちの背を見て感じる、わたしは意地悪な観察者でした。

そうならないように、わたしは意図して新しいフィールドに転じました。そこには新たな発見があり、成長することができると考えたからです。

今の会社員は四〇代でほとんど出世競争の決着がついています。かつては五〇代が企業組織で出世のピークでしたが、前倒しになって、四〇代ですでに役員になれる人とそうでない人に分かれます。

人生一〇〇年時代。『ライフ・シフト』（東洋経済新報社、二〇一六年）の著者、リンダ・グラットンが言うように、人生一〇〇年時代には後半生が長いですから、四〇代、五〇代は再チャージ、再インベストメントするタイミングです。あと三〇年、何をするか、これからどう生きるか。四〇代、五〇代ならまだ十分気力も体力もありますから、そのタイミングを逃さないことです。

やるべきでないこともある

基本はやっぱり自分が何をしたいかです。そう言うと「わからない」と言う人もいますが、人間を何十年もやってきて、今さら何を言っているんだろうと思います。

こういう答えは特に優等生に多いようです。優等生は自分が嫌いなことでも課題を与えられれば平均点以上にできてしまう、パフォーマンス力の高い困った人たち。そうやって周囲から「すごいね」とほめられることに慣れてしまうと「何がしたいの？」「何が好き？」と聞かれても答えられない。でも、東大生にいつも言うのは、「あなたをほめてくれるのは誰？　親や教師だよね。その人たちはあなたより先に死ぬよね。ほめてくれる人がいなくなったらどうするの？」と。死んでからまで親や教師の呪縛にとらわれているとしたら、自分の人生を生きているとは言えません。

ある東大卒のキャリア女性がインタビューで「自分の得意が何かと考えたら、人の期待に応えることが得意だとわかった。だからこれからも人の期待に応えて生きようと思います」と言っているのを聞いて、痛ましく感じたことがあります。メディアからお声がかかれば、その期待に応えてメディア芸人のようなこともやるということでしょうか。

そんなふうに周囲の期待に応えたい人たち、とりわけ女性はたくさんいます。目の前にいる誰かを満足させるのが女の役割だと刷りこまれてきてるからです。ケアする性としての女性は他人の役に立ってなんぼ、役に立たない女は存在価値がないと思われがちです。男女を問わず、他人から必要とされる人になりたい、そうすべきだという思いこみはすこぶる強いようです。

メディア界から女性に期待される役割には、女に女叩きをやらせる役割があります。たとえば保守系メディアには右翼の女性知識人の指定席があります。

かつてそこを占めていたのは曽野綾子さんや上坂《かみさか》冬子さんでした。最近では三浦瑠《る》麗《り》さんや杉田水脈《みお》さんもそのひとりでしょう。産経新聞や保守論壇誌などから声がかかって、この特集にこういうことを書いてくださいと言われたら、オッサンたちの期待を先取りして、オッサンさえ言い淀むようなことを発言して地雷を自分から踏みにいく。そういう役割を果たす女にはいつだってオッサンメディアからニーズがありますから、指定席が空いていれば座る気満々の女も出てきます。そうやって期待に応えると、あとでどうなるか。使い捨てにされて終わりです。

方向性が定まっていない若い知識人は、塀の上を歩いているようなものだと自覚してください。塀の内側と外側、どちら側に転ぶのか。メディア芸人には危うい選択もあります。途中から保守化していく男性知識人も多く、「この人、若いときはこうじゃなかったのに」と思うことが幾度もありました。

わたしもうんと若いときに産経新聞から「正論」というコラムの執筆者にならないかとオファーを受けたことがあります。いったい誰に頼んでいるのか、と呆気《あっけ》にとられ、申し出を受けませんでしたが、新聞に載ってお金にもなり社会的承認がもらえるならと、舞い上がる人もいるでしょう。

実際、その頃、研究費を潤沢《じゅんたく》に出してくれるテーマがありました。テーマのひとつが「迷惑施設の研究」で、クライアントは電力会社でした。「迷惑施設」というのは原発の婉曲《えんきょく》語法です。新規に原発を建設するとき、地元の市民運動対策をどうすればいいか、どういう戦略で建設を進めればよいのかを研究するというプロジェクトでした。もうひとつはサラ金こと消費者金融でした。貸し倒れを防ぐために、初回の面接でハイリスクを見抜くチェックシステムの開発でした。いずれも研究費は潤沢でしたから、喉から手が出るほど研究費のほしい若い研究者にとっては魅力的なオファーでした。今日では軍事技術の開発に防衛省が出す研究資金が、若手研究者にとって魅力的な資金源になっていることでしょう。

わたしは市民運動をよく知っていましたし、好奇心が強いものですから、「迷惑施設の研究」には乗り気だったのですが、親しい友人たちが「待った」をかけてくれました。「あなたがそんな研究を引きうけるなら、これから付き合わない」と。わたしはそこで思いとどまりました。あのとき引きうけていたら、わたしの研究史上の汚点になったかもしれません。

マーケットは自分でつくるもの

なんといってもストレスをためずに、自分のやりたい仕事をやりたいようにするのが一番です。

同じことをタレントの遙《はるか》洋子さんにも言ったことがあります。彼女は『東大で上野千鶴子にケンカを学ぶ』（筑摩書房、二〇〇〇年／ちくま文庫、二〇〇四年）を出してから、使いにくい女という評判が立って「TVの仕事が激減しました」と嘆いていました。

でも「代わりのマーケットができたでしょう」と。彼女には、全国の教育委員会や女性関係の団体から講演の依頼がくるようになりました。「わたしはああいうことを真面目にしゃべるよりも、チャラチャラした世界が好きなんです」と言っていましたが、ジェンダー平等の女性論客としての知名度もすごく上がったはずです。わたしは講演先で「サインしてください」と言われて差し出されたのが遙さんの本だったこともあります。「ごめんなさい。これはわたしの本じゃないの。ご本人に頼んでね」って答えました。

物書きをやるにしても媒体は一枚岩ではありません。だって『月刊Ｈａｎａｄａ』から『週刊金曜日』まであるんですから、読者と媒体を選ぶことも大事です。マーケットがなければ、自分のマーケットを自分でつくっていけばいいんです。

上野千鶴子流ケンカの上達法

仕事をするうえでイヤな思いは何度もしてきました。たとえば、男も女も「子どもを産まない女は一人前じゃない」と平然と言う人がいっぱいいます。そう言われれば「親になることだけが一人前になる方法ではありません」と返します。ほんとは、だとすれば子どもを産まない男は永遠に一人前になれないのか、と返したいところですが。

Twitter（現X）でバッシングを受ける人もたくさんいますが、わたしたちは同じようなことを面と向かって何度も言われました。「子どもを産まない女は信用ならない」「なんで産まないんですか？」と聞かれて、「大学では子どものつくり方を教えてくれませんでしたから」と答えたこともあります。すると「ボクが教えてあげましょうか」というバカな男もいました。「あなたは遠慮します」って返しますけど。ああ言えばこう言う、です。相手はあなたの人生を真面目に配慮して言っているわけではありませんから、コケにして返せばいいんです。

そういうことを平気で言っていたらどんな報いがくるかをわかってもらわないと、そういう発言は減りません。彼らは本当に無知と鈍感さから言っていますから、真《ま》に受ける必要はありません。無責任で想像力のない問いに「産んだんですが…生まれてすぐ亡くしまして…」と言ってやろうかと思ったこともあります。ケンカの方法を学んだのは、別に学びたくて学んだんじゃなくて、降りかかる火の粉を払うために、余儀なく学ばざるをえなかったのです。

そういう場面に何度も遭遇して、うまく言い返せなくて「クソ！　あのヤロー、あのときこう言い返せばよかった」と、あとでジワッと腹がたつこともよくありました。

これまでの経験でわかったのは、差別発言は、たいていパターンが決まっているということ。だから事前に対策ができます。「これで来たらこれで返そう」と。予想がはずれることは滅多にありません。差別者は想像力が乏しく、凡庸《ぼんよう》なことしか言いませんから、たまにははずしてくれよと思うくらいです。こう来たらああ返すとか、こんなふうにフェイントをかけるとか、いろんなやり方を想定して、予想どおりの展開になると「ああ、来た来たー！　待ってましたあ」みたいなものです。

そうやって場数を踏んできたので、言い返せるようになりました。「上野千鶴子」が一日でできあがったわけではありません。打たれ強くなったのは、わたしがそういう場面にたくさん直面してきたからです。誰が好きで打たれ強くなりますかいな。

エネルギーになったのは邪気

言われっぱなしにしないで、次はこうしようと思えたのは、やっぱり怒りがあったからです。それといくらかの邪気、つまり邪《よこしま》な気持ちです。オヤジ転がしがおもしろかったというのもいくらかはあります。

ネット界では「論破」が流行《はや》っているそうですが、いくら論破しても相手が納得す

ると は限りません。たとえば、仏教徒とキリスト教徒が教理問答をしてどちらかがどちらかを論破したとしても、相手の信仰はゆらぎません。わたしは「日本で一番論争に強い女」と呼ばれましたが、論争というのは論敵に対してではなく、聴衆に対してするものです。

だから相手にとどめを刺す必要はないんです。聴衆に相手の論旨の破綻《はたん》や愚かさが見える化するように、もてあそぶ。イヤなやつかもしれませんね。でも勝負を決めるのは聴衆ですから。ただしそういう目に遭ったオッサンたちからはあとで怨《うら》まれました。彼らは面と向かって批判されるより、コケにされるほうが（とりわけ若い女に）ずっとプライドが傷つきますから。そのオッサンたちからは二度とお呼びがかからなくなります。

でも、いいんです。大丈夫、捨てる神あれば拾う神ありで、呼んでくれる人たちもいます。別のマーケットがあるからです。

よく男は論理的、女は感情的と言いますが、わたしは男が論理で動くなんて思ったことがありません。もし論理で動くなら、世の中にもっと正論が通っているはずです。彼らが何で動くかですって？　利害です。

女も利害で動くけれど、損得勘定は相対的に男のほうがはっきりしています。利害をちらつかせたら、彼らはかんたんに落ちます。政治家を見ているとわかるでしょう。

歳を取ったら邪気が減ってきて無邪気になりました。加齢の効果です。若いときは邪気満々。昔はオヤジ転がしが楽しくて仕方なかったけれど、今はどんどん無邪気になりました。無邪気になるほうが人生はずっと楽ですが、邪気は人間のエネルギーにもなります。

Part 2
結婚

もう「おひとりさま」は怖くない

社会が変わる、変わらないということでいうと、社会は変わりました。おひとりさまが増えているのもそのひとつ。既婚率がどんどん下がって、生涯非婚者が増えました。五〇歳時の未婚割合は、七〇年代には男女とも五％を切っていました。ところが二〇二〇年には、男性が二八・三％、女性が一七・八％に増えています。三〇代になると男性の約三人にひとり、女性の四人にひとりの割合で未婚者がいます。この人たちはその後も結婚しない可能性が高いので、やがて生涯非婚者になるでしょう。

『令和四年版男女共同参画白書』は、若者たちの恋愛経験の低さもデータで示しています。「配偶者も恋人もいない」「恋愛もしたことがない」「結婚願望がない」という若者が増えていることを、メディアがおもしろおかしく書き立てました。二〇代の男性のうち配偶者も恋人もいないと答えた人の割合は六五・八％、二〇代女性は五一・四％。男女とも半数を超えています。

さらに「これまでの恋人の人数」「デートした人数」を聞いたところ、二〇代の独身男性の四割近くが、どちらも〇人と答えました。「これまで恋人がいたことがない」「一度もデートしたことがない」と。

「結婚したくない」「できれば結婚したくない」と答えた二〇代の独身男性は一九・三％、独身女性は一四・〇％、これが三〇代になると、男女とも二五％を超えます。

彼らの結婚したくない理由は「結婚するほど好きな人に巡り合っていない」「結婚に縛られたくない、自由でいたい」、つまり結婚はプラス・アルファの付加価値があればするが、そうでなければわざわざするための魅力を失っているだけでなく、結婚して家族を持つということが人生設計の前提にならなくなっています。日本は同調圧力が強いと言われますが、おひとりさまの数がこれだけ増えてくれれば、「数さえ増えれば怖くない」とも言えるでしょう。

男性は結婚したくない理由として「経済力がない・仕事が不安定」を挙げる人も多いです。男の初婚年齢の平均は三一歳で、三〇代男性の既婚率と年収はきれいに相関しています。経済力がある男性は結婚するが、ない男性は結婚していない。また正社員男性の婚姻率が高いのに対し、非正規の男性の婚姻率が低い。つまり家族形成にコストがかかり、そのコストの負担能力を持った男性だけが結婚しているという事実です。

貧しい二人が支え合う結婚は増えていない

二〇代の未婚女性が結婚相手の男性に求める年収水準が六〇〇万円だと聞いたことがあります。ですが三〇歳やそこらでそれだけの年収に達する男がどれだけいるでしょうか。いたとしてもそういう男性を見つけるのは狭き門でしょう。

わたしが不思議に思うのは、年収三〇〇万円の男性と年収三〇〇万円の女性が結婚すれば合計で六〇〇万円になるのに、そういう結婚が増えていないこと。終戦直後のように誰もがないない尽くしで貧乏だった頃は、お互いに身を寄せ合うようにして一緒に暮らしました。みかん箱をひっくり返してちゃぶ台代わりにして、お茶碗二個、箸二膳から始めたカップルがいくらもいました。非正規の男女同士が結婚してお互い助け合って生きるのもいいと思うのですが、そういうカップルは意外と増えません。

資産がある男には、いくらでも女が寄ってきます。再婚は特にそうです。再婚マッチングサービスをやっているところを取材したら、男が女に求める条件は自分よりも年下であること。セックスと介護要員ということでしょうか。他方、女は最初に男の年金額を聞くそうです。男の年金で家計を維持することが常識で、夫の年金は自分のもの、自分の年金は自分のもの、と思っているのでしょう。後妻業という言葉もありますが、結婚を経済契約のように考える女性が多いようです。高年収の女と低年収の男のカップルというのも少ないようです。エリート女はエリート男を選ぶからです。

結婚して二人で住んだら、生活コストは確実に下がります。フリーター同士であってもそうです。今よりいい暮らしができます。だけどそうしようとしないのは、どうしてでしょうか。

社会学者の調査では、保守的な結婚観を持つ男女ほど、婚姻率が低いことがわかっています。保守的な結婚観とは、結婚したら男が妻子を養い、女が家事育児を担当するのが当然、というものです。だから男は収入が低いと、妻子を養うことができないから結婚できないと思いこんでしまうし、女は収入の低い男性とは結婚したがりません。

なぜ保守的な結婚観を捨てて、お互い助け合って生きようと思わないのか不思議です。足りないところのある男女が、お互いを認め合って支え合う関係でいいじゃないですか。自分だって欠点だらけなんですから、お互いの足りないところを補い合って、割れ鍋に綴《と》じぶたでいいでしょう。

結婚には住宅問題の要素もあります。欧米の若者たちは親の家から出て早くから自立するために、同居を選びます。セックスもすれば妊娠もするでしょう。そういう事実婚のカップルから生まれる婚外子の出生率が、西欧諸国の出生率を押し上げていきます。それだけでなく、婚外子に対する差別がないために婚外子を産むことにハードルがないことも一因です。日本では婚姻を前提にしないと出産しないので、婚姻率が下がればその結果出生率も下がる結果になります。

少子化の影響なのか、ひとりっ子世代のなかには、他人と暮らすことに耐えられない、という若者もいます。それぞれの家庭文化が違うのはあたりまえで、誰かと暮らすなかで折り合いをつけていくものですが、ひとりっ子で個室をもらって成人した子どもたちのなかには、新婚家庭から夫婦別室というカップルも登場しました。セックスの頻度も減るでしょうし、子どもも生まれなくなっていくでしょう。

専業主婦は社会的に消えていく存在

結婚している夫婦のあり方にも変化が起きています。

一九八〇年代は、片働き世帯が圧倒的に多かったのですが、一九九七年には共働き世帯が片働き世帯を上回るようになりました。以後、夫婦のダブルインカム率はどんどん高くなっています。

今、専業主婦のいる世帯は圧倒的少数で、二〇二一年で片働き世帯は二三・一%にすぎません。二〇代に専業主婦願望を持つ女性が増えていると言いますが、その望みはほぼかなえられないでしょう。夫の収入が思ったほど増えず、妻の収入がないと家計を維持できなくなってきたからです。夫ひとりが大黒柱だった時代は終わりました。

ダグラス＝有沢の法則と呼ばれる経験則があります。それは日本社会では女性が高学歴であるほど結婚したら専業主婦になる確率が高い、というもの。高学歴女性は同じく高学歴男性と結婚しますから、夫の収入と妻の有業率が逆相関するという経験則でした。ですが、この法則が当てはまるのは八〇年代まで。八〇年代以降、すべての経済階層で妻の有業率が上がり、夫の収入と妻の有業率が相関しなくなりました。かって専業主婦は裕福さのシンボルでしたから、多くの女性が憧れましたが、今や妻の有業率は所得のトップとボトムで低く、「貧困専業主婦」と呼ばれる層が登場しました。

ただし第一章でお話ししたとおり、妻の就労にはフルタイムの就労と家計補助型の非正規就労の二種類があり、夫と同等の収入がある妻は少数派です。この少数派のなかに「バリキャリ」と言われる年収一〇〇〇万円以上の妻もいます。彼女たちの夫は同等以上に稼ぎますから、世帯年収が二〇〇〇万円を軽く超えるパワーカップルも登場しました。

男性が結婚相手に求める条件にも、「容姿」や「家事力」ばかりでなく、稼得力が含まれるようになりました。欧米では、ここ一〇年以上前から、男性が配偶者に求める条件の上位に稼得力が入ってくるようになりました。ひとりでも格差が大きいのに、カップルになると格差は倍になります。

貧困なのになぜ働かないのか?

夫の所得階層別で見ると、年収一〇〇万円未満の世帯で妻の有業率がもっとも低いことがわかります。「なぜ?」です。

働かない彼女たちを見ていくと、多くは学歴が低く社会的なスキルも低い、健康やメンタルヘルスに問題を抱えている、という問題が浮かび上がってきます。生活基盤における脆弱性《ぜいじゃくせい》があるから、男に対する依存度が高いのです。

彼女たちの母親もそうだったということもあります。男に依存する母親が、夫に殴られても蹴《け》られても離れようとしなかったのを見ていると、それが世代間連鎖する場合もあるでしょう。

夫がDVでオレサマ化すると、家庭が閉鎖的になって妻は孤立します。誰にどうやって助けを求めればいいかという支援のルートにも彼女たちはアクセスがありません。スキルや意欲がある人なら「自分で稼ごう」となるけれど、スキルを身につける余裕がないばかりか、意欲を無力化されてしまいます。

周 燕飛《シュウ・エンピ》さんの『貧困専業主婦』（新潮選書、二〇一九年）は、この問題を取り上げています。周さんが貧困専業主婦と呼ぶのは、世帯年収が三〇〇万円未満の世帯の主婦です。その人たちの多くが働かない理由として挙げているのは「子育てに専念したい」です。彼女たちは健康やメンタルヘルスの問題があるのではなく、子どもを保育園に預けることに抵抗を示しています。「男は仕事、女は家事育児」という伝統的な性別役割分担意識を、貧困層ほど男女ともにそのまま受け継いでいるように思えます。

女を低収入に縛りつける第3号被保険者制度

既婚女性の就労は増えました。けれど、家計を支えられるほどの収入を得ているわけではありません。彼女たちが不利な非正規の低賃金の仕事に就き、ずっと貧乏なままでいることはこれまでにお話ししたとおりです。

『令和四年版男女共同参画白書』は、既婚女性がなぜ低賃金の仕事を続けているのかの謎を解いています。それは、昭和型の税制・社会保障制度があるからです。著者は林伴子《ともこ》さん、優秀な女性官僚です。

日本のありとあらゆる社会制度は、夫が大黒柱として働き妻が家庭を守るという昭和型標準世帯モデルでできあがっています。そしてその制度を四〇年近く維持してきました。この『白書』を発表した当時の男女共同参画担当大臣、野田聖子さんが、記者会見で「もはや昭和ではない」と発言したのは、この昭和型の税制・社会保障制度が時代に合わなくなっていることを意味しました。

昭和型というのは、サラリーマンの無業の妻に対して、昭和三六（一九六一）年に配偶者控除、昭和六〇（一九八五）年に第3号被保険者制度、昭和六二（一九八七）年には配偶者特別控除などの、いわゆる「専業主婦優遇」と呼ばれる制度が次々に整備されていったからです。配偶者控除はいわゆる「内助の功」に対するごほうび、第3号被保険者制度は、来るべき高齢化社会の介護要員としての嫁の貢献に対する報い、配偶者特別控除とは家計補助型のパート就労があたりまえになった既婚女性たちに対する配慮でした。いずれも男性稼ぎ主を前提としたサラリーマン・専業主婦体制という昭和モデルをもとに制度設計されたものでした。

これらの制度は、専業主婦優遇制度とも言われていますが、本当にそうでしょうか。健康保険も雇用保険も年金保険もすべて保険、すなわち保険料を支払わないと受益者になれません。国民年金の1号被保険者は自営業者とその家族従業者、2号被保険者は雇用者、そこに3号被保険者という雇用者の無業の妻を新たにつけ加えました。国民年金の被保険者になるためには、たとえ無職・無収入であっても保険料を払わなくてはいけません。学生だろうと失業中であろうと、状況に応じて猶予はしてもらえますが、払わなくては将来の受給資格が生まれません。

ところがこの制度は、2号被保険者の被扶養配偶者、年収一三〇万円までは「見なし専業主婦」とされる女性に、年金保険料を払わなくても基礎年金権を与えるという特権を認めました。その保険料の原資はすべての働く男女から拠出されています。ですから働く女性たちはこの制度ができるとき「わたしたちだって主婦をやっているのに、なぜわたしたちが専業主婦の保険料を背負わなければいけないのか」とブーイングしました。

この一三〇万円の壁以外にも、配偶者控除の対象となる一〇三万円の壁（二〇一八年に一五〇万円に変更）や社会保険に関する一〇六万円の壁などがあります。企業によっては一定の収入以下の配偶者に家族手当を支給するところもあります。こうした壁を回避するためには月収を一〇万円前後に抑えなくてはなりません。つまり非正規労働をしろということです。

こうした「壁」を超せば、既婚女性は被扶養者からはずれて、年金保険料も健康保険料もすべての社会保険を自分の収入から負担しなければなりません。となると、各種保険料負担が収入の増加分を上回る「逆ざや」現象が起きます。もし損をしたくなければ、一七〇万円以上稼がなければなりません。だけどそうなると拘束時間が増えます。仕事をしても家事や育児を担当しなくてはいけない女性たちは、わざわざその壁を乗り越えようとはしません。妻が稼ぎを増やすことに賛成しない夫もいます。彼女たちは自発的に非正規を選ぶようになり、また「一三〇万円の壁」「一〇三万円の壁」を超さないように「就労調整」をするようになります。

この制度は、女性は低収入でいいというメッセージです。こうした制度をつくって、女が働きすぎないように、これまでどおり家事や育児を担当して、多く収入を得ようとはしないように誘導してきました。

パート先で「正社員にならないか？」と誘われるような優秀な女性がいても、あっさりと断ってしまいます。彼女たちは、「壁」を超えないほうが有利だと誘導されているからです。その結果、不利なパート就労は、「本人の選択」と自己責任に帰せられてしまいます。悪循環です。

専業主婦優遇策でトクするのは主婦じゃない

間違って「専業主婦優遇策」と呼ばれてきたこの制度から、本当にトクをするのは誰でしょうか。

まずトクをするのは、それまで妻の年金保険料を自分のフトコロから払ってきた夫です。彼らは、その支払いを逃れました。

そしてパート主婦を雇っている使用者も、彼女たちは被扶養者として夫の健康保険でカバーされますから、本来労使折半で負担しなければならない保険料を負担しなくてすみます。

さらに彼女たちは、就労調整をするため低賃金でも文句を言わずに働いてくれます

から、その点でも使用者はトクをします。

トクをするのは専業主婦の夫とパート主婦を雇っている経営者ばかり。ほとんどが

男性でしょう。

こうして制度が女性の就労を抑制してきました。だから共働きといっても妻は家計補助型の非正規、低収入に甘んじています。これまでの性別役割分担が「夫は仕事・妻は家事育児」だとしたら、今は「夫は仕事オンリー・妻はあいかわらずワンオペの家事育児に加えて家計補助型就労」です。これを「新・性別役割分担」と呼びます。

結果、外で働く有償労働と家で働く無償労働を合計した妻の労働時間は長くなり、妻の負担はあきらかに増えました。

この『白書』には以下のような一文があります。

税制、社会保障制度、企業の配偶者手当といった制度・慣行が、女性を専業主婦、または妻は働くとしても家計の補助というモデルの枠内にとどめている一因

ではないかと考えられる。

『白書』の執筆者のホンネは「一因」どころか「主たる原因」と書きたかったのではないか、と思わされる一文でした。

ここ数年、夫婦別姓や刑法改正、アフターピルの解禁などのジェンダー課題が国政の争点になっています。これまでジェンダーは票につながらないと言われてきたものですが、あきらかに変化が起きました。二〇二一年秋の衆議院議員選挙の際に、全党首が集まった席で、「夫婦別姓に賛成するか」と問われたとき、自民党党首の岸田文雄現首相だけが手を上げなかったことは、象徴的でした。

「夫婦別姓」も重要なジェンダー課題ですが、そんな象徴的な改革以上に、もっと構造的なジェンダー課題はこの税制・社会保障制度の改革です。若い女性たちにとってはピンと来ないかもしれませんが、日本におけるジェンダー課題は、これが一丁目一番地だとわたしは思います。

最近になってようやく国会で昭和型の税制・社会保障制度を改革すべきだという議論が登場してきましたが、それも女性側からの要求というより、この人手不足の世の中で、最低賃金が上がった結果、年間の就労時間をさらに抑制しなければならなくなる非正規女性労働者の状況に、悲鳴を上げた使用者側からの要求からでした。

ですが、制度によっていったん既得権益集団をつくってしまった結果、この制度の「改正」の壁は高そうです。

制度が誘導する女性の低収入

低賃金で働いた結果、老後になっても女たちは低年金です。離婚したら間違いなく貧乏になります。女性の貧困率が六〇代で高くなるのは、死別・離別が増えるからです。また非正規就労の女性は年齢が高くなるほど就労が難しくなりますし、住宅もだんだん契約しづらくなります。二〇〇八年には離婚時年金分割制度が成立し、わたしたち研究者は熟年離婚が増えるかとデータを注目していましたが、ほとんど増えませんでした。それというのも結婚歴五〇年を経ても年金分割権はマックス二分の一、それに対して妻の受け取る遺族年金は四分の三、圧倒的に有利です。資産の相続権も妻と子は半々、住んでいる家の居住権も守られます。日本では「妻の座」権は有利に守られているのです。それなら熟年離婚するより、あと少しの辛抱と、離婚を思いとどまる女性も多いでしょう。こうした制度も一見「妻優遇策」に見えますが、その実

「夫の看取り保障策」とわたしは呼んでいます。

福祉は家族に任せておけば政府は何もしなくていい

第3号被保険者制度が提案されたとき、反対したのは、当時の全国婦人税理士連盟（一九九五年に全国女性税理士連盟に改称）でした。当時の会長、遠藤みちさんが、大蔵省に抗議文を持っていったときに対応した役人の発言を、紹介してくださいました。「年寄りの世話はどうするんですか」です。語るに落ちるとはこのことでしょう。

当時は、日本社会が高齢社会に突入する前夜でした。高齢者の世話は嫁の役割、当時の中曽根政権は、「家族は福祉の含み資産」と言い、日本型福祉社会を唱えていました。日本には世界に冠たる家族制度がある。福祉は家族に任せておけばいい。政府はそう考えて社会保障にお金をかけずにすませようとしていました。配偶者控除が妻の「内助の功」に対するごほうびだったように、「第3号被保険者制度」とは、嫁の介護に対するごほうびだったのです。

当時、びっくりするようなことがありました。日本大学人口問題研究所が作成した「日本列島介護資源地図」は、各県の人口に対する四〇代・既婚・無業女性の比率を示していました。つまり四〇代で既婚の無業女性は、自動的に介護要員にカウントされていたということです。それを堂々と国際学会で発表するのですから唖然《あぜん》としました。

八〇年代は、国際的に性革命が普及し離婚率がものすごく上がった時代です。アメリカは二組に一組、ヨーロッパは三組に一組以上に離婚が増えました。ところが日本の離婚率は諸外国に比して上がらなかったために、日本には安定した家族制度があると、政治家は豪語したのです。ですがその後、日本の離婚率も上昇を続け、今日三〇代では三組に一組が離婚するという、欧米並みの水準に近づきました。

女が男並みに稼げば解決するのか？

女が低収入の労働に縛りつけられているのがいけないとしたら、男並みに稼げばいいと考える人たちもいます。そうすれば、男と対等に口がきけると。

女性誌でモデルとして活躍中の牧野紗弥《さや》さんは、家族で協議し、夫婦別姓にするためにペーパー離婚をしました。彼女は仕事を始めた頃、仕事があるから子どもをみてほしいと夫に頼むと「稼いでいるのはオレなんだから」と言われて、それ以上強く言えない、という経験をしたそうです。その後、牧野さんは売れっ子モデルになり、ペーパー離婚を選びました。

わたしが彼女に「もしあなたに稼ぎがなかったら、離婚の申し出はしませんでしたか？」と聞いたら、「はい、そのとおりです」と答えが返ってきました。

妻の交渉力は稼得力で規定されているのでしょうか。つまり彼女は、家族内でもお金を稼げば発言権が持てる、お金が権力のツールだと子どもたちに示したことになります。

男が自己効力感を持つ一番大きな指標は、稼得力だということがわかっています。彼らが感じる男らしさは、金に支えられています。なんてわかりやすい生き物なんでしょう。金があったら、そんなに偉いのかって。

銀座のバーでモテまくる人気男性作家が、「モテているのはあなたの人格ではなく、あなたの財布でしょう」と言われたとき、彼は「財布の厚さも男の魅力のうち」と答えたとか。ホリエモンも「女は金についてくる」と言いました。男は金と権力に弱い、女は金と権力のある男に弱い、と言われてきました。

男が女を黙らせる必殺技は「稼いでいるのはオレなんだから」というせりふです。「じゃあ見てろ」と女が稼ぐようになると、男は次に「オレより稼いでから言え」と言います。

男以上に稼ぐようになった大黒柱妻たちが反省する弁を聞いたことがあります。エッセイストでタレントの小島慶子さんも「いつのまにかわたしが夫に同じことを言うようになっていた」と。男女を問わず、稼ぐ人が偉い、と思ってしまうのです。

もしあなたが夫から「オレと同じくらい稼いでから言え」と言われたら、「あなたのように稼げないのは、わたしの能力が劣っているからではない、男の立場が構造的に上げ底になっているからだ」と言い返せばいいんです。男の煽りに乗せられて「それなら同じだけ稼いでやる」と思えば、女性は男性の二倍か三倍働かなければならないでしょう。そんな無理な競争は女性をさらに追い詰めるだけです。

わたしの友人は、そのことで夫を問い詰め、問い詰め、コーナー際に追い詰めて最後に言わせた言葉は、「ボクの責任じゃないことでボクを責めないでくれ」でした。

そのとおりです。彼のせいではありません。男の稼ぎがいいのは社会の構造のおかげですから、彼自身はその構造に個人的な責任はありません。ですがその構造から、彼は集団的に利益を受け取っています。

彼女は自分の夫をそこまで追い詰めて、このひと言を言わせました。そういうギリギリの対決をやっていない夫婦が多いことでしょう。構造が原因なら、有利なほうが譲歩するのがあたりまえです。男女間の年収に格差があるときに、夫婦が家計の分担を半々にしようというのが少しも「フェア」でないことは、すぐにわかるでしょう。

本気で夫と向き合えば男は変わる

わたしのもうひとりの尊敬する年下の友人は、望んで子どもを産んでから、アパートで密室育児をしていた三ヶ月目に、ある朝、夫が出ていくときに玄関で夫の足にしがみついて「行くなー！　あたしと子どもを殺す気か！」と叫んだそうです。

そういうときに「これから会社だから帰ってからまた話そう」と言う夫が多いでしょう。「今ちょっと興奮しているようだから、少し時間を置いて落ち着いてからにしようよ」といなす夫もいるかもしれません。

けれど、もし夫がそんな対応をしていたら、その時点でこの夫婦は終わっていたでしょう。妻の必死の叫びすら届かないのかと。彼女は命がかかっているんだ、逃げるなと、夫に迫りました。

友人の夫は逃げずにその日会社を休みました。妻と話し合って、子育てに関われない長時間労働が問題だということになり、転職しました。彼女は「給料は減ったけど、夫婦関係はよくなったわよ」とカラカラと笑っていました。夫婦間の交渉は、そのくらいやれよ、と思います。互いの人生に巻きこみ巻きこまれ、セックスして子どもをつくった相手です。真剣勝負から男を逃してはいけません。その交渉力は稼ぎでは決まりません。

わたしの教え子のひとりは三〇代で子どもを産んだばかりのときに「もう夫に期待することをやめた」と言いました。「夫は何も助けてくれないし、言っても通じない」と。「私たち、終わってるんです」と言う彼女に、わたしは「そんな終わった関係をこれから先も続けるの？　そんな男にこれからも股を開く気？」と聞きました。そんな男とセックスしたり、将来にわたって介護などできるでしょうか？　夫婦関係を、甘く見てはいけません。

彼女はそのとき、ハラハラと涙をこぼして帰っていきましたが、そのあと夫と話し合いをしたとか。次に会ったときは二人目の子どもを産んでいました。おそらく夫からの歩み寄りがあったのでしょう。

男と向き合おうとしない女は、愛がないのかと思います。「あなたとこれからも一緒にやっていきたい。わたしはそれを真剣に望んでいるから、今ここで話し合いたい」と本気で渡り合ってみてください。

知り合いの男で「ボクは結婚してから一度も浮気したことがない」と言う人がいました。わたしは内心、口先ばっかり、男の言うことなんか信用できるかよと思って聞いていました。そうしたらその男は、「もしボクが浮気したことがわかれば、妻はその日に家を出ていく。それがわかっているからやれないんだ」と言いました。

彼の妻は専業主婦です。それでもそこまで夫を追い詰めている妻はいます。交渉力は金の力ではありません。相手にどれだけ本気で向き合っているか。そういう夫婦の姿を見せることで、息子や娘は両親から学びます。

物わかりがいい女でいたいというのは、葛藤を避けたいということです。「人生をなめんなよ」と思います。他人から見て価値のあるわたしでありたいと思うのは、承認を第三者に依存しているからです。自己承認を他人に依存するな、自分の価値くらい自分でつくれよ、と思います。

家庭内離婚――「こういうものだ」ですませていいの？

わたしが結婚したばかりの若い夫に必ず言うようにしているのは、「子どもを産んだばかりの女が、どんなにテンパっているか、今のあなたにはわからないだろうけど、そのときに彼女に助けを求められて拒否ったら、一生祟《たた》られるから覚悟しとけよ」ってことです。絶対に許してもらえませんから。男はそういうことがわかっていません。そうやって溜めこんだマグマは老後に出ます。「あのときあなたは…」は一生続きます。「もうすんだことだろう」という男の言い訳は、絶対に通用しません。

ましてやその期間に浮気でもしてごらんなさい。妻の妊娠中に、夫のポケットから風俗店のカードが出てきたら大変なことになります。六〇歳になっても七〇、八〇歳になっても祟られます。

そのまま夫婦関係を維持しても、多くの夫婦はセックスレスになります。

ある人はうまいことを言っていました。「セックスレスだから家庭内離婚ですむんですね」と。そこにもしセックスの強要が伴ったら、女はガマンできないでしょう。とっとと別居するか、離婚に至ります。男がセックスの強要をしない、つまりセックスレスだから家庭内平和共存ができるのでしょう。

しかしそれは、いずれ介護に影響します。スキンシップもセックスもない男の下の世話なんて、できるでしょうか。

家庭内離婚の話を聞くと、わたしが必ず言うのは、「子どもは見ているよ。夫婦ってこんなもんだって学習するよ。それでいいの？　あなたは息子や娘に向かって、結婚したほうがいいと言えるの?」と。親の姿を見ながら子どもは夫婦ってこんなものだと学びます。夫婦関係にしても親子関係にしても「こういうもんだ」と諦めてしまうのは、人生をなめているのにほかなりません。

妻からも子どもからも見捨てられる男たち

離婚率が上がって、妻から捨てられる男も増えています。女がガマンしなくなったからです。いったん家族を形成した男が妻に捨てられたらどうなるか。元プロ野球選手の清原和博さんがいい例です。かつてのヒーローが薬物依存であそこまでボロボロになってしまう。家族を失った男の末路は悲惨です。

元妻の活躍ぶりを見ると、彼女にとっては正しい選択だったと思えます。女の場合は子どもがいるから踏ん張れます。だけど男は妻からも子どもからも見捨てられて孤立してしまいます。

離婚に際して「お父さんとお母さん、どちらと暮らす?」と聞かれて、父親を選ぶ子どもはほとんどいません。それまでのあいだに、子どもとの信頼関係を築いてきていないからです。今日、離婚した父親たちから共同親権の法制化の要求が出ていますが、結婚生活の継続中に親らしいこともしてこなかった男に「共同親権」を要求する資格なんてあるでしょうか。

思春期の子どもを持つ四〇代の父親たちに、子どもの友だちの名前を三人以上言えますかと聞くと、母親はスラッと言えるのに、ほとんどの父親は詰まります。つまり子どもの暮らしになんの情報も関心も持っていないからです。

進路選択の時期に差しかかった高校生とやりとりしているとき、「お父さんとお母さん、どちらに相談する？」と聞くと、お父さんに相談すると答える子はほぼゼロでした。「あなたにとって信頼できる相談相手はお母さんで、お父さんとはそういう関係がないの？」と聞くと、ほとんどの子は「はい」と言います。父親はスポンサーではあっても、人生の節目に立ったときの相談相手ではないのです。その年齢になるまでに、父親とのあいだにそういう信頼関係が築けていないからです。

息子介護の研究をしている平山亮《りょう》さんによると、息子が在宅で介護するのは、圧倒的に母親で、父親はレアケースです。もちろん女性のほうが長生きなので、母親が残される確率が高いということはあるにせよ、父親が残されることもあるのに、父と息子という在宅介護は少数派です。

母の介護をする息子たちには愛情というファクターがあります。在宅介護を選ぶのは、母親を施設に送りたくないからです。しかし父がひとりで残された場合、息子は在宅ではなく施設に送る傾向があります。子育てをずっと妻任せにしたツケがいずれそうやってまわってくることでしょう。

育児に関わりたい父親たち

少子化の原因はまず婚姻率が下がっていることですが、婚姻内出生率も下がっています。今、少子化対策のキモは、結婚した夫婦が第二子を産むかどうかにかかっています。それというのも妊娠先行型結婚が四組に一組と増え、結婚すれば子どもをひとりは産むのがあたりまえになりましたが、二人目出産の壁が高いことがわかっているからです。人口の規模を今の状態に保つには、女性に二人以上の子どもを産んでもらわなければなりませんが、二人目の壁の前で足踏みする女性が増えています。希望子ども数が二人以上なのに実際にはそれ以下にしか子どもが生まれない原因を探り、その対策を講じるのが少子化対策の政策課題になりました。女が第二子を産もうと思う要因には、家の広さや働き方、収入などいろいろな条件が考えられますが、大きな要因は第一子を産んだときの「夫の休日の家事・育児時間」であることがわかっています。夫が子育てに協力的なら、次も産もうという気になるようです。もっともな理由でしょう。

だとすれば、少子化対策として有効なのは男性の育児参加を促進すること、そのひとつが育休取得率を上げることです。育休取得資格のある女性該当者のほぼ八割以上が育休取得をしているのに対し、同じ条件の男性の取得率は微々たるもの、ずっと一桁《けた》を横ばいしていましたが、最近ではようやく一七%（二〇二二年）に上がりました。しかしこの数値には、数日から一ヶ月程度の期間の取得も含まれています。最近では企業側に、妻の出産に関わるための産休取得の意向を確かめる義務が生じました。自民党には男性育休取得の義務化を推進する議員連盟もできています。

商社や日本の一流企業でも三〇代以下の男性社員の共働き率が高くなっています。その男性社員たちの育休取得率も高くなるなど、変化は起きています。第一子のときには取らなかったけれど、第二子のときには取ったという男性もけっこういます。第一子のときに取らなかったことを反省したからでしょう。

これまで家族を維持してきたのは女のワンオペでしたが、今は共働き率が高く妻の稼得力が高くなっているので、夫に対する交渉力が強くなりました。同時に男のほうでも家庭や子どもに対する愛着が強くなってきました。若い妻たちは、夫が「育児に協力する」と言ったらキレます。「協力」とは他人事か、と。

「ワンオペ育児」という言葉が出てきたとき、わたしは感動しました。ワンオペレーションとは、深夜のコンビニや介護現場など、もともとひとり職場の負担やストレスを示す職場用語でした。本来あってはならないという価値判断が含まれた用語です。ワンオペ育児にも「こんなのやってられない」という女たちの不当感が出ています。家事や子育てを女がひとりでやることはあたりまえじゃない、あってはならないことだという価値の転換があったから、「ワンオペ育児」という言葉が登場しました。

ワンオペ育児という言葉が拡がって、ひとりで育児をすることの大変さへの理解が進みました。岸田首相が「育休中にリスキリングできるように支援する」と発言して炎上したのは、育児休業は「休業」どころか育児にきりきり舞いでそんなことをする余裕がないとわかっていない発言だったからです。「だったらオマエがやってみろ」と。ワンオペ育児という言葉が登場することで、これまでずっとないがしろにされてきた妻の育児負担が、ようやく見える化しました。

出産に立ち会った父親や育休を取った父親とその子どもとの、その後の父子関係は良好だということも調査からわかっています。若い父親たちにはどんな父親になればよいか、ロールモデルがありません。自分の父親はそんなことをしてこなかったのですから。ですが妻に迫られてであれ、自分から進んでであれ、自分の仕事に影響が出る程度に家庭に関わろうという若い父親たちは増えてきました。そういう意味では男女間のギャップだけでなく、男性の世代間ギャップも大きくなってきました。

夫が競争から降りることを喜ばない妻たち

いっぽうで男が育児に関わることに、男よりも女の支持率が低いというデータもあります。育児に関わりたい男は確実に増えているのですが、女がそれをよしとしないのは、育メンは、競争から降りた男のように受け取られるからでしょう。事実、育休を取得した男性社員の査定評価が下がる企業もあると聞きました。

自分の夫に競争から降りてもらいたいと思わない女は多いようです。特にエリート女は、夫も子どももエリートであってほしいと思っています。

彼女たちは、夫がエリートでないことにガマンできません。エリート男に選ばれることに価値がありますから、自分の夫がエリートでないことはプライドが許さないのです。彼女たちに「あなたが働きたいなら、専業主夫になってくれる男を探しなさい」とアドバイスしても効果がないのはそのためです。

自分にふさわしい夫としてエリート男を選んで結婚したエリート女は、夫が出世レースから降りることなんて、まるっきり期待していません。そのうえ男がどんな働き方をしているかがよくわかっています。夫の仕事に理解と同情があるために「家事や育児を分担してほしい」とは言いません。「できる」女ほど、二重三重の負担をかかえる罠《わな》に自分からハマっていきます。

夫を戦力として期待しない、できない。だけどフラストレーションやモヤモヤはたまる。これがエリート女のディレンマです。

現代版専業主婦は家族ファーストではなく自分ファースト

『令和五年版男女共同参画白書』によると未婚男女（一五―三四歳）の希望ライフコースは、「子どもを産んでもずっと職業を続けるほうがよい」という「両立コース」が女性三四・〇％、それを「将来の配偶者に求める」男性が三九・四％とトップにきています。代わってそれまで首位だった「子どもを産んだらいったん職業を中断してその後復帰する」という「再就職コース」が減少しています。「再就職コース」が低下したのは、いったん離職したあとの再就労がどれほど困難でワリの悪いものであることかが、わかってきたからでしょう。

おもしろいのは「両立コース」を妻に求める男性のほうが、それを希望する女性よりやや多いことです。妻の稼得力が家計に及ぼす影響を、彼らは実感しているからでしょう。今の天皇はお妃候補だった雅子さんに求婚するとき、「一生お守りします」と言ったそうですが、この約束は果たされませんでした。皇室に入ってからさまざまなバッシングを受けて適応障害を起こした雅子さんを守り抜けなかったからです。今どきの若い男性は、こんなせりふは「怖くて言えない」と言います。それどころか、今どきの若い女性は、こんなせりふに「胸キュン」となるどころか、ゲッとなる人もいます。

同じく低下しているのは専業主婦コースですが、女性で一三・八%、男性で六・八%と倍近い差があります。ここでも男女差が大きいのは、男性側がすでに自分ひとりの大黒柱では家計を維持できないと自覚しているからでしょう。他方「専業主婦コース」を希望する女性に対して、保守回帰だと言う人もいますが、わたしはそんなふうには思いません。彼女たちの「専業主婦になりたい」は、「夫や子どもに尽くしたい」のではなく、「競争から降りてゆとりのある暮らしがしたい」という自分ファーストの価値観からきたものでしょう。彼女たちが夫や子どもを最優先しようとしているとは思えません。

これだけ生活が厳しく競争が激しくなると、「わたしだって男に負けずに張り合ってやる」という女性は少数派で、そこから降りたい人たちも当然、出てきます。競争から降りたい人は男女を問わずいるものですが、男は降りると敗北になるので降りるに降りられません。ところが女は降りたい気持ちを、ジェンダーの用語で粉飾できます。

わたしは彼女たちの「専業主婦になりたい」は自己利益優先からくる選択であって、決して夫や子どもに尽くしたいという選択ではないと解釈しています。

なぜ親は「結婚しなくてもいいから子どもだけは」と言うの？

今の親は子どもに「結婚しなさい」と言わなくなったようですが、若い女性から聞くのは、母親から「結婚しなくてもいいから子どもは産んでちょうだい」と言われるということです。結婚が一生ものでなくなったことは周囲に×《バツ》イチが増えたことで実感していますし、その結果、シングルマザーも増えています。ストレス源になる夫ならいるよりいないほうがマシ、働く娘の孫育てには祖母力を発揮できます。

「結婚しなさい」と言う親には、「お母さんにとって、結婚っていいものだったの？」と聞いてみたらいいでしょう。自分がうれしくない経験を娘に勧めるのは、たんに「世間並み」であることを娘に要求するにすぎません。しかしチャイルド・ペナルティ（子育て罰）と言われるほど母になった女がワリの悪い人生を送ることがわかっていながら、それでも娘に子どもを産むことを期待するのは、母親たちの人生のなかで、子どもを産んだことがかけがえのない経験だったという自負があるから。ある意味、子どもに人生を支えられてきたのでしょう。たんに孫の顔を見たくて言っているのではなく、それが自分を支えてきた経験、生きる意味を与えてくれた経験だから、娘にもそれを味わってもらいたいのでしょう。子どもをつくらなかったわたしからすると、子どもを自分が生きる理由にするな、と言いたくなりますが。

そう言われた若い女性が困っていると言うから、「お母さんに子どもを産んだことはどういう経験だったか、ちゃんと聞いてごらん」と言います。お母さんが「こんなにいい経験だったからあなたにも味わってもらいたい」と確信を持って言えるようだったらいいでしょう。子どもがいることで、どんなに人生が豊かになるのか。「あなたを産んで本当によかった」と伝えることができるなら、娘も少しは受け入れる気になるかもしれません。

Part 3
教育

「お母さんのようにはなりたくない」女子校出身者

二〇一九年に東京大学の入学式で来賓として祝辞を述べたことで、一〇代の子どもたちのあいだでわたしの知名度がぐんと上がりました。あのスピーチを知った学校の先生たちが、授業でわたしのスピーチの動画を見せたり文章を読ませたりと熱心に伝えてくれたからです。とりわけ熱心だったのが進学女子校の先生たちでした。

ＳＤＧｓはどこの高校でも大流行りですが、そのなかでもジェンダー平等に関しては、進学女子校が熱心に取り組んでいます。女子校の教育理念には、かつての良妻賢母教育なんて、もうかけらもありません。女子校には性別役割分担がありませんから、女子校で育つ女子は校内で生徒会長や部活の長などのリーダーシップを存分に発揮しますし、異性の目がありませんから、男受けのする女子力など身につける機会がありません。小学校や中学校で男子の暴力にさらされて、男子が怖いから女子校を選んだという女子もいて、そういう女子が安心して過ごせる場でもあります。女子校是か非かという議論が起きて長いですが、現状では、女子校は女性にとって積極的な価値があると言ってよいでしょう。

女子校、女子大というある種の閉ざされたゲットーのなかでのびのび育った女子たちも、いつかはそこを出ていかなければなりません。彼女たちが出ていく社会は旧態依然としたオヤジ社会ですから、彼女たちは大きなカルチャーショックを受けるかもしれません。ですが彼女たちが身につけた女子校文化が社会を変える力を持つのでは、と期待しています。

それでは男子校はどうでしょうか？

高校生のジェンダー意識について、一九九〇年代末に社会学者の江原由美子さんが調査したデータがあります。別学男子、別学女子、共学男子、共学女子のなかでもっとも保守的なジェンダー意識を持っているのが、別学男子だという結果が出ました。「男は仕事、女は家庭」という考えに「賛成」と「どちらかといえば賛成」を合わせると、別学男子は七九・五％で一番多かったのです。

対極にいるのが別学女子で、中間に位置するのが共学男子と共学女子です。共学校の男女にはあまり差がありません。別学女子は働く気満々。母親の有業率がもっとも低いことから家庭の経済階層が高いことが推測できるのが別学女子ですが、これは母親の生き方と娘の志向は逆転しているということを意味します。別学女子は「お母さんのようにはならない」と思っており、別学女子の母親も「娘にはわたしのような人生を送ってほしくない」と思っていることがうかがわれます。

「お母さんのような女を妻にしたい」男子校出身者

別学男子の母親の有業率も低いことは、彼らが相対的に高経済階層の家庭の出身者であることを意味します。彼らが妻に働いてほしくない、自分は家事・育児をしたくない、と思っているのは、自分もお父さんのようになり、お母さんのように尽くしてくれる妻をゲットできると思っているからでしょうか。

今から二〇年以上前の調査ですから、当時高校生だった男子は、現在は企業の中間管理職になっているはず。彼らは「配慮」という名の差別やアンコンシャスバイアス（無意識な思いこみ）であいかわらず「男向け配置」「女向け配置」を実践し、ホモソーシャルな企業文化を再生産しているのでしょうか。

今日では別学女子はさらに働く気満々になるいっぽうで、別学男子はあいかわらず保守的なジェンダー意識を再生産しているのでしょうか。

ある進学男子校の生徒たちと話をしたときに、女子との交際経験がないという男子に「結婚したいと思っている?」と質問したら「したい」と言うので、「相手はどうやって見つけるの?」と聞いたら、「その気になったら、いつでも見つけられる」という根拠のない確信を持っていました。

その学校は日本有数の進学校で、生徒の大半は一流大学や医学部に進学します。「このオレがモテないわけないでしょ」と思っているようでした。

彼らが思い描いている妻というのは、自分に尽くしてくれる母のような女です。自分の父親と同じように、妻に尽くしてもらえると思っています。ずっとそういう母親を見ていますから、自分の前にも母親のような都合のいい女が現れると、根拠もなく確信しています。けれど将来彼らの配偶者になるはずの同世代の女子たちの意識も変化していますから、女の子たちは彼らを選ばないことでしょう。

わたしは彼らに「あなたたちはもうお父さん、お母さんのようには生きられない」と伝えています。父親がただ一本の大黒柱として家計を支えるシングルインカム世帯、昭和型モデルの時代はもう終わりました。黙っていても給与が上がっていく年功序列型の日本的雇用制度を維持することは難しくなるでしょうから、これからは夫婦二人で家計も家事・育児も支え合う必要があります。ですから目の前にいるお父さんやお母さんの暮らしはモデルにならないのです。

このように、同世代でも女子と男子のジェンダーギャップは大変大きいことがわかります。彼らはほとんど女の子と付き合った経験がありませんから、彼らが出会ったときにはどんなミスマッチが起きるだろうかと、心配になります。

男の妄想から始まるハラスメント

男らしさの特技のひとつは、あらゆる状況を自分に都合よく解釈することです。セクシュアルハラスメントでも、「あれは恋愛だった」「彼女は断らなかったから自分に好意があったんだ」と思いこみがちですし、営業用の女性のスマイルも、とくべつ自分だけに向けられたように勘違いします。加害者が「あれは合意だった」と言うのを被害者が「あれは強制だった」と言うほど、加害者と被害者のあいだの認知ギャップが大きいのがセクハラの特徴です。

東京大学でハラスメント相談所を開設したとき、想定外のことが起きました。制度を設計したときに主として想定したのは、権力勾配《こうばい》を前提にした男性教員と女子学生や女子大学院生との関係でした。ところが実際には、男子学生が女子学生につきまとうストーカー事案が意外なほど多数登場しました。そのため、学内に別途ストーカー対策委員会を立ち上げなければならないほどでした。その実態を見て、わたしは「とっても東大らしい」と感じました。

そうした事例に出てくる男子学生のほとんどは女子との交際経験がありませんでした。彼らは「ボクが選ばれないはずがない。ボクを選ばない女はボクを侮辱している」という誤解をもとにストーカー化します。つきまとう男子学生は、気になっている女子学生に愛されているという妄想を持っています。「彼女はボクに気があるに違いない。だけどシャイだからあんなに避けたがるんだ」「誰かが邪魔しているに違いない」と全部自分に都合よく解釈します。

対象とされた女子学生は、恐怖にかられてキャンパスに入れなくなります。そうなると研究や教育の継続が保証されません。そこで女子学生のキャンパスにおける安全をどう確保するかが課題になりました。場合によっては、該当する男子学生の入構を禁ずるような指示を出す必要もありました。

年配の男性にもいるでしょう。ファミレスで若い女性スタッフがニッコリ笑っただけで「ボクに気があるんだ」「あの笑顔はボクにだけ向けたんだ」と誤解する人。世界は自分を中心に動いていると信じて疑いません。

妻にDVを働く男は、家庭という場所ではすべてが自分を中心に、自分を最優先にまわるべきだと思っていますから、それが達成されないと暴力という手段に出ます。家族が全員、自分を最優先にし、自分の機嫌を伺い、自分の都合に合わせて動くのが当然だと思っています。それが損なわれると延々と説教したり、殴ったりします。

デートDVの指導をしている人たちは、一〇代の男子にもそういう子がいることを指摘しています。デートDVを働く男はガールフレンドに「オレ以外の男と口をきくな」「どこにいるか今すぐ写メで送れ」と言うそうです。自分にはガールフレンドを拘束する権利があると思っているのでしょう。「オマエの人生はオレさまを中心に成り立っているんだ」と信じて疑わない男たちが、二一世紀になってもずっと再生産されているのです。

なぜ東大は女子学生が増えないのか

東京大学がわたしを入学式のゲストスピーチに招いたのは、東大の女子学生比率が二割を超えなかったからです。わたしがスピーチをした二〇一九年には一七・四%、その翌年二〇二〇年には一九・一%、翌々年二〇二一年には二〇・〇%と増えてスピーチの効果があったかと思われましたが、二〇二二年には一九・八%と低迷し、二〇二三年にようやく二三%と「二割の壁」を超えました。ですが微々たる変化です。

ちなみに教授の女性比率は、七%です。

この話になると必ず「なぜ女子が増えないことが問題なんですか?」と言い出す人がいます。東京大学に入試不正はありません。女子受験生が増えないから、女子合格者が増えないのですが、男性教員のなかには「東京大学は女子の受験を禁止していない。受験を選ばないのは受験生の自己決定の結果である。それに東京大学が責任を持つ必要はない」と言う人もいます。戦前の帝国大学は東北大学を除いて女子の入学を許可していませんでしたが、今は機会の平等が保障されているのだから、自己決定・自己責任だというわけです。

しかし東大に女子学生が少ないのは、本当に本人の責任でしょうか。ジェンダー教育学の知見によると一八歳になって東大受験に挑戦しようかと思う以前に、〇歳から、男は男らしく、女は女らしくという「ジェンダーの社会化」が始まります。オギャーと生まれたときから「なんだ女か」と親の期待のかけ方もお金のかけ方も違ってきます。学校では陰に陽に進路指導の教師などからの誘導があり、「女の子は無理しなくていい」と言われます。「浪人したらキズモノになる」とさえ言われることもあります。理数系ができると「女なのに変わってるね」と余計なひと言を言われます。

二〇一九年に実施された国際数学・理科教育動向調査で、算数・数学の平均点を男女で比較したところ、小学四年生はともに五九三点、中学二年生は男子五九五点、女子五九三点とほぼ男女差はありませんでした。にもかかわらず学年が上がるほど女子に数学の苦手意識が高まるのは、先天的なものではなく後天的な理由から。アンコンシャスバイアスによってやる気をそがれているのでしょう。むざむざと女子の理系の才能を失ってきたのです。

大学の理系学部では女子学生比率がもっとも少ないのは工学部ですが、工学系の分野に女子学生の取りこみが進んでいます。東京工業大学、名古屋大学、島根大学、富山大学では工学系の学部で女子クオータ（人数割り当て）を導入しました。技術立国をめざしてイノベーションを進めたい国は理系女性を増やすことを国策としていますから、ここしばらくは女子が理系をめざすのは有利だと言えます。

二〇二二年には奈良女子大学が工学部を開設しました。国立大学全体のなかで女子大工学部ができることは、工学系の女子クオータができることと同じ効果があります。

女子学生が男子と競合しない環境でのびのびと研究開発に取り組めることはたしかに有利ですが、それだけでは工学部の男性優位体質は変わりません。いずれ彼女たちが入っていく社会は男女共学ですから、男性が変わらないと社会は変わっていきません。だから共学大学の工学部にも女子が増えることで、工学系男子にも男女がふつうにいる環境のなかで対等に研究するという文化を身につけてもらいたいと思います。

理系、特に情報工学系に進めば高収入の仕事に就けるチャンスが増えます。これから先、学問の世界は文理融合が進みます。そういう意味でも理系学問を学んでおくことは、すごく重要です。

エリート男を前にした女は二種類に分かれる

地方から周囲の期待を背負って一流大学に入学すると、自分よりもすごいやつがたくさんいることに気がつきます。地方出身の優等生たちは、上には上がいると、男子も女子もガツンとやられる経験をします。

そのときに、女子は男子とは異なる対応をすることがあります。彼女たちの一部は「やっぱり男の人ってすごいわね」と男を持ち上げて、自分の劣位をジェンダーの用語で正当化しようとします。

自分のプライドを守ろうとする女たちは、男たちのヒエラルキーのトップに君臨する「α《アルファ》オス」に選ばれようとします。αオスとは、高校や大学でリーダー的立場にいる男子です。体育会系部活のリーダーはたいていモテまくります。学生運動でもリーダーはモテました。そういう女子は、そのαオスに選ばれることをもって、自分の承認欲求を満たします。

他方男性と張り合おうとする女子は自分の女性性を否定しようとして葛藤します。男性と対等に競争しようとする女子学生と、女の指定席をわきまえてそこでできるだけ有利に生きようと思う女子学生への分解は、総合職と一般職の分解に似ています。

東大には東大女子が入部できないインカレサークルがあることを、わたしのスピーチで紹介しました。それに刺激を受けて、藤田優さんという教育学部の女子学生が「東大インカレサークルで何が起こっているのか『東大女子お断り』が守る格差構造」という卒業論文を書きました。あまりにおもしろいので、WAN女性学ジャーナルに採用してサイトに掲載しました。(https://wan.or.jp/journal/details/)

それによると、東大男子部員は他大女子をクイズなどでいじるのだそうです。当然物知りの東大男子学生が勝てば、彼らは「キミたちっておバカだね」と女子学生をいじります。それを受けて女子学生のほうも「わたしたちっておバカだから〜」と返すとか。これを聞いて、姫野カオルコさんの小説『彼女は頭が悪いから』（文藝春秋、二〇一八年／文春文庫、二〇二一年）を思い出しました。タイトルになっているのは、性暴力で退学処分を受けた工学部の男子学生が取り調べの過程で口にした発言でした。

東大男子は、「インカレ女子はやさしい。なんにでも笑ってくれる」「東大女子はそれに比べると難しい」と言います。そういう四年間を過ごした男が、卒業していわゆるエリートになるんです。

以前インカレサークルに所属している東大男子にインタビューしたことがあります。「女の子はどうやってリクルートするの？」と聞くと、女子大の門の前で声をかけるのだとか。「どんな基準で？」と聞くと、「二パターンあって、顔で選ぶ子と、テニスの腕で選ぶ子です。ボクらは一応テニスサークルで対外試合もやるので、テニスの上手な子にも来てもらうようにしています」。

わたしがそのとき思ったのは、わずか二〇歳やそこらで彼らは一般職と総合職を選別するオッサンたちと同じことをやっているんだなということでした。ほかにも差別を維持するさまざまなルールを、それでいいのかと聞くと「うちのサークルの伝統だから、変えたら先輩に怒られます」と答えが返ってきました。彼はサークル活動がすごく楽しかったと回顧していましたが、そりゃ楽しいでしょう。

「性差を意識したことがない」女の本音

偏差値競争を勝ち抜いてきた東大女子のなかには、生まれてこのかた性差別など一度も味わったことがない、と断言する者もいます。偏差値競争は男女平等ですし、男子より成績のいい女子はたくさんいます。また少子化世代の子どもたちの親は、できのよい娘には期待し投資しますから、東大受験だって応援してもらったことでしょう。「女のくせに」などと言われたことのない女子たちが登場しています。彼女たちは自分が「女だ、男だ」ということにとらわれたくないと感じて、フェミニズムからも距離を置きます。自分を弱者だと思いたくないから、自分を弱者だと言う女に反感を持ちます。「セクハラ被害に遭った」と言い立てるような女を許せないのです。

わたしはそれをウィークネスフォビア（弱さ嫌悪）と呼んでいます。エリートであればあるほど、ウィークネスフォビアを持つ傾向があります。自分の弱さを言い募る他人を許せないのは、自分のなかにある弱さを認めたくない、認められないことの現れでしょう。

彼女たちはうまくいかないことがあっても「女」を理由にはしません。成功も失敗もすべて「自己決定・自己責任」だと思っていますから。

わたしは「性差別を味わったことがない」という女子には、「あなたのご両親の夫婦関係はどうなの？」と聞き返します。目の前にいる一番身近な大人の男女のあいだに、性差別が存在していないとは考えられにくいからです。彼女たちの母親には、夫に対する不満や怨みがあったはずです。東大女子の背後には母親という応援団がついており、わたしは彼女たちの登場は母娘二代がかりの達成だと感じることがあります。娘に背後霊のようについている母親の思いには、自分が達成できなかった人生へのリベンジがひそんでいることでしょう。

それでもウィークネスフォビアの女子たちは、親が離別したシングルマザーである場合ですら、「わたしはお母さんみたいなドジはしない」「そんなバカな男は選ばない」と思っています。妄想と言ってもいいほどの過剰な自信です。

そういう女性はセクハラに遭っても「この程度のことは、いくらだってしのげる」「キャーキャー言うほどのことじゃない」「わたしはこのくらいのことでは傷つかない」と自分に言い聞かせます。決して自分が被害者だと言いません。被害者ヅラするのはカッコ悪い、恥ずかしい、と本気で思っていますから。「慰安婦」被害を訴える韓国の女性たちに反感を覚える右翼の女性には、こうしたウィークネスフォビアがあるように思えます。

ウィークネスフォビアのエリート女たちが「セクハラには本人にも責任がある」「貧困は本人が原因だ」と言うのは「わたしはあの人たちと違う」と思っているから。だから「あの人たちと一緒にしないで」となります。そこに被害者への想像力や共感はありません。

「わたしはあの人たちと違う」のは、持って生まれた条件や育った環境の違いもあるはずです。けれど自分が貧困に陥っておらず風俗に行く必要もないのは、環境に恵まれたからだという考えにはいたりません。すべて自分が選択して、努力してきた結果だと思っています。

鈴木涼美《すずみ》さんとわたしの共著『往復書簡　限界から始まる』（幻冬舎、二〇二一年）は中国ですごく売れているそうです。鈴木さんは女性がその気になれば何にでもなれると感じて育った、恵まれた世代です。日本にも中国にも鈴木さんに共感する三〇代、四〇代の女性がいっぱいいます。彼女たちが性差別社会に直面して「この程度のことで傷つかない」と言うのは、「自己決定・自己責任」のネオリベ的な価値観を内面化しているからでしょう。ネオリベ社会はこういうメンタリティを持った男性のみならず、女性をも育てました。その点では男女のジェンダーギャップは相対的に縮小しているると言えるかもしれません、それも女性が男性化するという困った方向に。つまり女の子たちは、親にとって「息子並み」になってきたのでしょう。

親の望みは「競争に勝ち抜いてほしい」

社会のネオリベ化は子どもへの教育にも大きな影響を及ぼしています。ネオリベ社会で育ち、その価値観を内面化した人が親になって、次の世代を育てるとどんなことが起きるのか。

教育社会学者の本田由紀さんによると、「子どもに何を期待するか」という質問に対して、父親と母親の差はあまりなく、息子に対してと娘に対しても回答にあまり差がなかったそうです。つまりジェンダー差は縮小しています。

そして父親も母親もトップにきたのは「競争に勝ち抜くこと」です。子どもに期待することが「競争に勝ち抜くこと」…ゾッとしませんか。

子どもの数が減っているにもかかわらず人気の学校の入試倍率は高く、子どもたちは受験戦争を勝ち抜かなくてはいけません。親たちは自分の子どもだけは、競争に勝ち残ってほしいと願っています。少しでも競争を有利にと考えてお受験させるのでしょう。

お笑い芸人のパックンが、子どもを都内のインターナショナルスクールに通わせていると発言した朝日新聞の記事が話題になりました。

彼は貧しいシングルマザーの家庭で育って、成績がよかったためにがんばってハーバード大学に入学しました。自分自身は逆境を生き抜く力がついたけれど、子どもを逆境に置こうとは思わない。メディアのコメンテーターとしてリベラルで平等な社会をめざして格差の是正を訴えるいっぽうで、わが子二人をインターに通わせている、と。この記事のなかで「自分を偽善者だと思うときもある」と打ち明けていました。

インターの授業料は年間何百万円もします。二人なら相当な金額です。それでも親として子どもには少しでも有利な条件を与えてやりたい。ディレンマを感じながらも、正直な親心でしょう。同じように考える親が多いのではないでしょうか。

少子化で子育ての失敗が許されなくなった

ずっと「子どもが自分で選べばいい」「子どもの自主性を尊重します」とリベラル

なことを言っていたはずなのに、子どもが受験期になるとお受験パパ・ママになる人も多いようです。とりわけ中高一貫の私立進学校の選択肢の多い首都圏では、小学校高学年から親たちは迷い始めます。情報量の多い高学歴の親ほどそうなりがちです。パックンを含めて「ブルータスよ、おまえもか」ですが、わたしがこんなきれいごとを言っていられるのは、子どもがいないからかもしれません。今、学齢期の子どもがいたら、わたしも同じふるまいをするかもしれません。

受験産業は、少子化でマーケットのサイズが小さくなっても、縮小していません。競争が激化しているからです。同じことが中国や韓国でも起きています。中国も韓国も少子化が競争緩和につながっていないのです。

中国で講演をしたときに、「ひとり、ふたりしか子どもがいないのに母親が追い詰められて音《ね》をあげています。五人も六人も子どもを産んでいた世代の女たちと比べて、今の母親はなんて不甲斐《ふがい》ない、情けないと感じる方もいるでしょうが、今の若い親には昔の親には決してなかった、大きな重圧がかかっています。それを上の世代は理解できていません。それは絶対に失敗の許されない子育てだということです」というわたしの発言に、中国の聴衆は身を乗り出してうなづいていました。

少子化が、親に対するプレッシャーを強めています。子どもが五人も六人もいた時代には、いろんな子どもがいますから、アタリもハズレもあったでしょう。学力は今ひとつでも母親と気が合うという子もいますし、そういう子が最後までそばにいて親孝行してくれたりもします。子どもがどんなふうに育つかはわかりません。けれど少子化でひとりっ子かせいぜいふたりまでだと、親の関心がすべて少ない数の子どもに集中してしまいます。その期待の重圧から、娘たちも逃れられなくなりました。

競争に勝てなかった子はどうなる?

東京大学で、わたしは競争に勝ち抜いてきた子たちを相手にしてきました。彼らはどんなことでも平均以上にできてしまうパフォーマンス能力の高い優等生たち。イヤなことでもやれてしまうというのは、それはそれで不幸なものです。

子どもたちはけなげです。親の顔色を見て親の期待に応えてきましたから、親もそれを評価しています。けれどそれは、ある種の条件付きの愛です。親の期待に応えたから愛されてきた。では親の期待に応えられないとどうなるのか。

わたしは、二〇〇〇年代に入ったくらいから、教育現場で学生たちの変化を感じました。自傷系のいわゆる「メンヘラー（メンタルヘルスに問題のある人）」が、例外とは言えないほど増えたことです。リストカット常習者、食べ吐き、対人恐怖などの症状を持つ学生が見られるようになりました。

どういうタイミングでそうなるかというと、就活がきっかけになることを感じました。東大生はペーパーテストの成績がよいので一次選考、二次選考には通りますが、最終面接で落とされると理由がわからず、人格否定されたように感じるのでしょう。偏差値競争に勝ち抜いてきた彼らにとっては、人生で初めての挫折です。自分を責め続け、短絡的に「自分には価値がない」「生きている理由がない」と自己否定につながります。

背後には親からのプレッシャーもあります。ネオリベラリズムの価値観が、親を通じて子どもに刷りこまれているので、誰よりも自分で自分を責めます。引きこもりの子どもたちは、学校へ行けない／行きたくない自分を、親以上に責める真面目な子どもたちであるという研究もあります。

それをネオリベ社会は、「自己決定・自己責任」だと断罪しますから、負けると逃げ場がありません。悪いのは自分、となってしまい、自分を責めるほかありません。自分で自分を傷つける自傷系メンヘラーは、そんな社会のなかから生まれたように思えます。そんなふうに若い人たちを追い詰める社会は、なんて残酷なのでしょう。

彼らは大学に入学する以前、中学・高校の段階で、すでに壊れ始めていたのかもしれません。中学や高校の先生たちの集まりに行って、学級崩壊の現状や不登校の子どもたちの増加を聞くと、この状況が数年経ってわたしの職場である大学まで持ち上がってくるのだと恐怖を感じました。子どもたちの世界に何かが起きている、子どもたちが壊れ始めていると体感するようになりました。

東大生は親の影響、社会の影響のもとで、大きなプレッシャーを感じながらそこまではなんとか親の期待に応えて競争を勝ち抜いてきた子どもたちです。その背後には親の期待に応えることができなかった子どもたち、期待に応えようにもがんばりがきかなかった子どもたち、期待に応えようとしたらカラダが固まってしまった子どもたち…がいたことでしょう。そういう子どもたちは、わたしの前には現れません。

格差が拡大する社会では、親は娘にも息子にも「勝ち組になれ」と期待します。もちろん「オマエのためを思って」という親の愛情からですが、とりわけエリートの親たちは、自分が勝ち組ですから、子どもにもそれを望みます。東大生カップルを親に持つ子どもの感じるプレッシャーはいかほどのものでしょうか。親は「子どもには自由に人生を選んでいいよとつね日頃言っています」と口にはしますが、子どもは親の口にしたことだけでなく、無言の期待を読みとります。親は自分が到達した地位に子どもが達するのはあたりまえ、子どもにはそれ以上を望みます。ですが東大卒の親の子どもが東大に入学する確率は、半分以下でしょう。きょうだいがいたら、ひとりは合格するがもうひとりはできない場合も生じます。子どもの数が少ない家庭で、「お兄ちゃんと比べてオマエは…」と比較されながら育った子どもに、殺意に至るまでのルサンチマンが生まれることも想像に難《かた》くありません。

多くのエリート親は視野狭窄《きょうさく》に陥っています。自分が暮らしている狭い世界の成功モデルしか知らないので、ほかに選択肢があると思いつきません。だから競争に負けた子たちの行き場がなくなるんです。偏差値競争はあまたある価値尺度の限られたひとつにすぎないのに、ほかに多元的な尺度があることを知らないのでしょう。

わたしは子どもたちに「イヤなら逃げてもいいからね」「どこで何をしてもいいからとにかく生きていてちょうだい」と伝えたい。子どもには不幸せになってほしくありません。二〇歳にならない子どもたちが不幸なのは、本人の責任ではありません。

教師としてずっと考えてきたのは、この子たちがこの先、どこでもいつでも生き延びていけるようなノウハウを与えてあげたい、ということ。生き延びるスキルに偏差値は関係ありません。教育の基本は一流校だろうが四流校だろうが、違いはありません。どこでもいつでも生き延びる知恵をつけてあげることです。

生き延びる先は、日本でなくても、海外でも地球のどこでもいいんです。ますます予測不可能になる世界で、どこかでどうやってでも生き延びてほしい、そのための知恵を身につけてほしい、と願っています。

親の役目は人生の選択肢を増やすこと

今の子どもたちは十代で同質性の高い偏差値輪切りの集団に所属します。東大に入学してきた子たちが通っていたのは、大学に進学するのがあたりまえの進学校。周囲では東大受験は珍しいことではありません。そういう同質集団にいた子どもたちは、経済的な理由で大学に行けない子どもや親から大学に行くのを反対される子どもがいるということに、想像が及びません。

日本のように地域で階層の棲《す》み分けが起きていないところでは、公立の小中学校に通ったなら同級生には高校を中退する子もいれば、高卒で働く子もいるはずですが、偏差値で輪切りした高校にいると自分の周囲三メートルくらいの現実しかわからなくなります。

だから親が子どもにすべきことのひとつは、多様な社会との接点を増やすこと。社会の多様性を肌で味わう機会になりますし、何より子どもにとって人生の選択肢を増やすことにつながります。

かつて放っておいてもできた子どもたちの近隣コミュニティはもうありませんから、なんらかの手段で親が意図的に選択して与えていくべきでしょう。最近、職場でも家庭でもない「第三の居場所（サード・プレイス）」の必要性が唱えられていますが、「第三の居場所」が必要なのは大人だけではありません。

学校と家庭しかないと、追い詰められたときにも逃げ場がありません。家庭教師をつけるくらいなら、スポーツチームやボーイスカウト、ガールスカウト、あるいは塾や習いごとでもいいでしょう。

子どもたちに同世代の子どもたちとなんらかのコミュニティができあがるような学校でも家庭でもない「第三の居場所」を用意すれば、「コミュニティはひとつじゃない」「いろんな子やいろんな家庭があるね」ということが伝わります。そういう場が複数あれば、学校は嫌いだけどスポーツクラブは好きというように、逃げ場になります。

ただし、それも親の側に資源がないとできません。送り迎えが必要な場合もありますし、お金がかかるし、時間もかかります。少年野球や少年サッカーチームの保護者、特に母親の負担は、とても重そうです。アメリカは、子どもが自分で歩いていけるようなところにコミュニティがありませんから、親の送迎が必須です。それでも親たちは負担を背負っています。

コミュニティへの所属が難しければ、誰かに子どもを預けたり、泊まりに行かせたりと環境を変える機会を設けるといいでしょう。親から離れてサマースクールに送りこんだり、短期留学させるのも手です。子どもは多くの大人のあいだで多様な価値観にもまれながら育ちます。

漫画家のヤマザキマリさんの子育て記『ムスコ物語』(幻冬舎、二〇二一年)には深く感銘を受けました。彼女は、ひとり息子を世界中に連れ歩きました。離婚・再婚の過程で息子は親の人生に翻弄《ほんろう》されました。この本の最後に、その息子さんの文章が収録されています。彼は、マリさんの思いつきで世界中引っ張りまわされたせいでさんざん迷惑をこうむったけれど、「おかげで国境のない生き方を身につけられた私は、(中略)世界のどこであろうと生きていけるだろう」と書いていました。親の最大の受益者であり被害者でもある息子の証言を、自分の本に収録したヤマザキさんはご立派です。

母親が「あなたのためにガマンした」と言うと、息子は負債感を覚えます。彼は

「お母さんは自分勝手だ」と言えるから、母親に負債感を持たずにすみます。母親が自由な生き方をしたおかげで、親に縛られることなく、息子も自由に生きられるんです。

詩人の伊藤比呂美《ひろみ》さんは、末の子どもが三歳のときに「世界で一番誰が好き？」と聞いたら「自分！」と答えたと言いました。最高の答えだと思いませんか？　そのとき、伊藤さんは、きっとこの子はどこででも生きていけると思ったと言います。

真面目な子たちが不登校になる

教育現場では不登校の子たちが増えています。不登校の児童生徒の数は二〇一三年以降ずっと増加し、二一年は児童生徒千人当たり二五・七人と過去最多になりました。

調査や事例研究でわかっていることは、不登校の子たちは誰よりもまず自分を責めているということです。親や教師の期待に沿いたい真面目な子たちは、沿えない自分を責めます。そのうちカラダが固まって動きがつかなくなって、学校に行かなくなります。いい具合に力を抜ける子、逃げ道を探すのがうまい子もいますが、そういう子ばかりではありません。

学校と軍隊は、日本近代最初の国民化の装置でした。どちらも規格どおりの国民をつくるために登場しました。すでに徴兵制はなくなりましたが、学校は昔のまま。今でも軍事教練の名残りのような「右向け右」「直れ」と号令をかけて人を動かす集団主義が残っています。世の中がこれだけリベラルになっているのに、学校文化は変わっていません。そういう空間では同調圧力が強く、いじめも生まれやすくなります。

不登校には、さまざまな原因があります。貧困や差別、いじめなどに起因するものもありますが、学校文化に適応できず、学校に行かなくなる子もいます。親が教師を尊敬しなくなったことも関係があるでしょう。教師よりも高学歴な親は、教師を公然と批判することもあります。不登校の研究をしているある社会学者は、学校文化と家庭文化のギャップが大きくなりすぎて、子どもが股裂き状態になるのも原因のひとつだと指摘しました。

器用な子どもは、子ども仮面と生徒仮面を場面に応じて付け替えてサバイバルしますが、それがうまくハンドリングできない子どももいます。学校であたりまえのことが家に帰るとあたりまえではないし、家であたりまえのことが学校ではあたりまえではない。だから混乱してしまうのでしょう。

周囲を見ていても、家庭文化がリベラルな高学歴の親の子どもたちは、ほとんどひととおり不登校を経験しているように思えます。

子どもが不登校になると、たいていの親はパニックに陥ります。特に高学歴の親は自分が学歴ハイパフォーマーですから、子どもが自分と同程度あるいはそれ以上の学歴に到達するのは、デフォルトだと思っています。学校に行かない人生は想定外なのでしょう。

「学校へ行きなさい」は親のエゴ

ネオリベ的価値観を身につけた親は、うまくいかない娘、息子に向かって「みんなにできることが、なぜあなたにできないのか」と責める傾向があります。彼らはうまくいかないことを学校の構造的な問題とせず、子ども本人に「自己責任」を押し付けます。

不登校の子たちに話を聞くと、家族のなかで子どもが本当に大事にされているのか、疑問に思うこともあります。

二〇年くらい前にベストセラーになった『だから、あなたも生きぬいて』（講談社、二〇〇〇年／講談社文庫、二〇〇三年）の著者、大平光代さんは、不登校になったとき母親から「お願いやから学校にだけは行って。恥ずかしいから」と言われて、大きなショックを受けました。「お母ちゃんは私より世間体のほうが大事なんか…」と。たいていの親は不登校の子どもに「学校へ行きなさい」と言うとき、「オマエのため」と言うけれど、子どもはちゃんと見抜いています。「お母さんのためでしょう」って。子どもに学校へ行ってほしいのは、親のエゴイズムだと子どもはわかっています。

　学校の先生も子どもを大事にしていると言えるでしょうか。不登校の子を迷惑者扱いすることもありますし、「お母さんの育て方が悪かった」と誘導することもあります。誰しも子育てに失敗した母親だと思われたくないから、必死になって子どもを学校に行かせようとします。最近では「不登校があたりまえ」になってきたせいで、教師は介入しなくなり、最初からいなかったかのように扱うこともあります。

　大平さんはその後、さんざん荒れました。非行に走って、全身刺青《いれずみ》を入れて極道の妻になり、北新地《きたしんち》のクラブでホステスをしていました。ある日偶然、再会した父親の友人の支えがあって猛勉強の末、司法試験に合格して二九歳で弁護士になりました。それができたのは、彼女がパワーのある娘だったからです。だから逆境を撥《は》ね返すことができました。

本の出版に当たって母との確執をありのままに書いてもよいかと尋ねたら、母は「正直に書いたらええやんか」と同意したそうです。さんざんツケを払わされたお母さんと娘は、そうやって和解することができました。

極道の妻から司法試験を突破して弁護士になった大平さんの目の眩むような人生の落差は、再生のサクセスストーリーですが、すべての元不登校児に彼女のようなパワーがあるとは限りません。人のパワーが何で決まるのかはわかりません。よく生き延びてきたね、と思うような子もいれば、壊れたまま行き場をなくす子もいます。ストレス源になっている親と同居したまま出ていかないのは、パワーがなくて出ていけないからです。

親は信用できなくても、誰か信用できる大人が近くにいたら助かる可能性もあります。大人が全員、信用できないわけではありません。大平さんの再出発もそういう出会いがきっかけになりました。

スーパーエリートの囲いこみが始まった

今、教育は多様化していて、単位制の高校もあれば、独自の教育方針を掲げるチャータースクールもあるので、不登校の生徒でも何かしらの選択肢を見つけることができます。

いっぽうでエリートにはエリートにふさわしい教育を、と文科省はギアチェンジしました。これまで教育は国民の平均的な水準を引き上げることが目的でしたが、平均的な教育ではエリートの能力は伸びないと考えるようになったのです。

すでに各地で公立の中高一貫校が生まれていますし、大学では文理融合のエリートコースができています。たとえば九州大学では、二〇〇一年からどこの学部にも属さない「21世紀プログラム」を開始し、現在はその流れを共創学部が引き継いでいます。定員は一〇五人。少人数制でとても手厚い教育をやっています。京都大学では次世代研究者育成支援事業「白眉《はくび》プロジェクト」を始めました。ずいぶんと露骨な名称です。

一般学生よりも破格の教育投資をした効果はどうなのか。その検証は行われているのでしょうか。結果は聞いていませんが、ひとつだけ言えるのは、これから教育格差はますます拡大するということ。エリート教育が進むいっぽうで、学歴崩壊も起きています。高校を中退すると仕事はなかなか見つかりません。女の子のなかには年齢を詐称《さしょう》して風俗の世界に入る子も出てきます。それが格差社会です。

偏差値は能力を表していない

教育を考えるときにわたしが問いたいのは、そもそも能力が高いってどういうことなのか、ということです。学校の試験でも入学試験でも、たいてい正解はひとつしか用意されていません。正答率が高い生徒が選抜されますが、偏差値が高い子たちは正解を速く正確に導くことができる能力が高いだけ。そういう子どもたちに「これから先、予測不可能な未来が待ち受けているから、誰も答えを出したことのない問いを立ててごらん」と言うと、「やったことがないからわからない」と返ってきます。これから高等教育の場に招き入れたい人材の選抜方式が、根本的に間違っているとしか思えません。

わたしは東大生に「あんたたちはせいぜいクイズ王にしかなれないよ」とイヤがらせを言っていました。日本が今、世界に誇る輸出産業はコンテンツ産業、アニメやコミック、ゲームですが、彼らはそれをつくる側にはなれません。せいぜい売る側でしょう。

わたしは高校生とやりとりをするときに「あなたたちが今やっているのは勉強だよ

ね。勉強って『強いて勉《つと》める』って書くよね」と言います。

大学に入れば勉強ではなく研究をするようになります。研究とは「問うて究《きわ》める」こと。まだ誰も答えを知らない問いを究めることです。そのために大学まで待つ必要はありません。

このところ二一世紀型人材を求めて、中学や高校でも探究学習や総合学習のカリキュラムが登場しました。先生方は手探りで実践中ですが、わたしが最初に思ったのは、今の高校の先生方に探究学習を教えるノウハウがあるのだろうかというものでした。というのは、人は自分が学んだことのないものを教えることはできないからです。

高校生の探究学習の成果発表会に立ち会うことがありますが、偏差値優秀校の生徒ほど手際よくデータをまとめて、パワポのスキルも鮮やかなプレゼンをします。ですが、問いはたいがいSDGｓのなかからとってきたありものの問い。収集したデータもネットから器用に集めたありものの知識ばかり。そういう場に立ち会うたびに、シンクタンクの新人社員のヘタなプレゼンを聞かされたような気がして、わたしはうんざりします。東大上野ゼミでは、決してそんなプレゼンを許しませんでした。

これからの時代に必要な二一世紀型の人材は、予測不可能な社会に立ち向かって、自分で答えを出していける人です。コロナ禍のように予測できない事態はこれからも起きるでしょう。これまでのありものの答えではどうにもなりません。すでにある知識を身につけるのではなく、誰も知らなかった新しい知を生み出すノウハウをわたしは「メタ知識」と呼んでいますが、「それを学ぶのが大学」だと思っています。

もちろんすべての大学教師がそういう教育をしているわけではありません。多くの大学は実学教育にシフトして専門学校化しています。そして研究者は人気のない職業、報われない職業になってきています。

これから日本の研究能力は低下するでしょう。高等教育の危機はものすごく深くて、人材育成にも失敗しています。このままでは日本の未来を誰に託すかと考えたときに、託せる人がいないということになりかねません。この教育の危機も人災と言うべきでしょう。

Part 4
老後

再雇用制度は高齢者の「働きたい」意欲に応えていない

二〇一二年に高齢者雇用安定法が改正され、六五歳までは本人に希望があれば雇用を継続することが企業に義務化されました。その後、七〇歳までの雇用も企業には努力義務が課されています（令和三年現在）。

六〇歳定年が進んだのは一九八〇年代後半、定年後の再雇用制度が生まれたのは一九九〇年です。

定年制度が始まったのは明治時代の後期です。この頃、定年は五五歳でしたが、定年制度を取り入れていたのは一部の企業にとどまっていました。当時、男性の平均寿命は五十歳くらいでしたから、五五歳定年制は終身雇用だったと言ってもよかったのです。

定年制度が拡まったのは戦後です。平均寿命が延びていたにもかかわらず、定年は五五歳のままでした。当然、引退後の生活資金の問題が生じます。そこで厚生年金制度が五四年に全面改正、国民年金制度が六一年にスタートしました。

女性に限っては三〇歳定年などの若年定年制、男性が五五歳だったときに女性は五〇歳定年といった差別定年制がまかりとおっていました。男性より早い差別定年制を正当化する企業側の当時の言い分は「女は早く老ける」というものでしたから、笑止千万です。

平均寿命は、二〇二一年には男性八一・五歳、女性八七・六歳まで延びました。多くの人は六〇代で定年を迎えますが、今は七〇歳だって、八〇歳だって元気な高齢者がいます。わたしは六〇歳の女性にも男性にも「あと二〇年は働けます」と言っています。わたしの実感としても、まわりを観察していてもそうです。

認知症が始まる人もいますが、それでも働ける人もいます。二〇年というと新生児が成人するまでの期間ですから、再スタートするのもいいでしょう。すでに述べたようにわたしは五〇代で自分のフィールドをシフトしました。

家庭の事情からいうと、再雇用をNOと言える男性はほとんどいません。妻が、夫に稼ぎがあるうちは働かないことを許しませんから。

再雇用制度のもとでは多くの雇用者はいったん退職して退職金を受け取ったあと、基本給を減額されて再雇用に移行します。定年前と同じ仕事をしているのに減給されるのはおかしいと訴訟が起きましたが、異動や転勤、管理責任の範囲などの違いや年金を受給していることなどから、最高裁は賃金格差は「不合理ではない」という判決を下しました。

立教大学の社会人向けコースに開講していた上野ゼミの受講生のひとりが、再雇用制度の実態調査をしてわかったのは、現場はうまくいっていないということでした。働く側、つまり再雇用される側にとっての問題は、責任ある仕事を任されないこと。だから腐ってしまいます。再雇用する側にとっての問題は、一緒に仕事をする現役世代が彼らをうまく使えないこと。これまで管理職だった人を部下として扱うことが難しく、結局彼らを持て余すことになります。どちらにとってもうまくいかない再雇用制度を維持するよりも、定年延長をしたほうがかんたんなように思えますが、日本の企業には定年延長ができないわけがあります。

日本企業が定年を延長できない理由

そもそもなぜ定年を延長できないのか。なぜ再雇用という形をとるのか。理由は、日本企業の年功序列給与体系にあります。定年前に払っている給与は、ジョブの成果だけではなく年功や役職による加給があって、年齢とともに昇給していきます。処罰や降格がない限り、減給になることはほぼありません。年功序列給与体系のもとでは雇用者の生産性と給与とが一致しない、あとになるほどトクをするシステムになっています。定年時にもっとも高額になる給与を、企業はそれ以上払い続けたくありません。定年延長ができないのは、年功序列を温存してきた日本型雇用制度を維持したいためです。このシステムが続く限り、間に合わせのように就労を五年延長しようが、一〇年延長しようが、再雇用される側にとっても、する側にとってもうまく機能するとは思えません。

日本型雇用には、セクシズム（性差別）のほかに、エイジズム（年齢差別）が埋めこまれています。年功序列給与体系を廃止して、年齢・性別を問わず同一労働同一賃金、ジョブ型でジョブを売るようになっていけば、同時にエイジズムもなくなるでしょう。

最近では、プロジェクト方式で一定のタスクを負う人たちのチームをつくって、プロジェクトの目標を達成すればチームは解散という方式で仕事をするというやり方も出てきました。そうなれば管理職のリーダーも有期ですし、年上のチームメンバーがいても問題がないでしょう。そんなふうに企業組織を流動化すれば、年齢、性別、ポストのあいだの関連がなくなります。働ける人、働きたい人は六〇歳になっても七〇歳になっても働けばいいんです。企業も年齢に関係なく、働きたい人を使えばいい。

具体的な解決策としては、定年制を廃止、あるいは定年を自己申告制にして、ある年齢からはメンバーシップ型雇用からジョブ型雇用に切り替えるというのはどうでしょうか。それなら望む形で仕事を続けることができます。たとえば、本人が六〇歳からはこれまでの仕事の八割くらいでいい、と言えば、年俸も八割で契約すればいいのです。

そういう形で企業の組織体制を変えていかないと、この問題は解決しないでしょう。

シルバー人材センターは高齢者にやり甲斐すら与えない

定年後の仕事には、シルバー人材センターに登録するという手もあります。しかしそこで斡旋《あっせん》される仕事は、賃金がすごく安いだけではなく、やり甲斐にもなりません。かつて企業内でそれなりに専門的な仕事をしてきた人たちもいるのに、提示される職種は清掃や家事援助、植木の手入れ、駐輪場の整理など限定的で、人材を有効に使うしくみになっていません。これでは、それまでのスキルが生かせません。

もし「自分にはこれができる」というスキルがあるなら、シルバー人材センターに登録するよりもフリーランスになって自営したほうがいいでしょう。交渉力があれば自分を安売りしなくてすみます。

介護保険法が施行されたときには、介護保険事業に参入した女性起業家たちが全国に雨後《うご》の筍《たけのこ》のように生まれました。制度の裏付けができて、介護が食える仕事になったからです。よかったのは、自分たちでつくった仕事だから定年がないこと。そのまま八〇代になっても働いている人もいます。

その人たちは「これからは介護だ」と目をつけて新規参入したのではなく、ずっと地道に地域活動をやりながらネットワークをつくってきた人たちでした。ほとんどが女性で、彼女たちは介護保険以前から有償ボランティアや助け合い活動をやってきて、それが介護保険事業に軟着陸した例です。

どんな変化も無から有が生まれるのではなく、それまでに種をまいて育ててきた苗が、環境条件が整うことで育って花開くものです。

NPOをつくると、まわりの男性たちのなかにはそのNPOの活動を応援する人が出てきます。ハサミと男性も使いよう。理事のような名誉職をうれしがる男性もいますし、責任も感じてもらえます。経理畑の経験者には経理事務もやってもらえますし、車の運転のできる男性にはデイサービスの送迎ボランティアもやってもらえます。そういう役割を果たすことで、地域最低賃金水準のボランティア価格でも、社会貢献をしているというプライドが保てるうえに満足感もあります。シルバー人材センターから来る仕事とはそこが違います。そういう男性も地域にはけっこういます。

わたしが仲間たちと立ち上げた認定NPO法人ウィメンズアクションネットワーク（WAN）でも退職者に協力してもらっています。WANはフェミニズム関連のコンテンツを発信するウェブサイトを運営するNPOで、有償スタッフを置くことなく、理事長以下、全員無償のボランティアで動いています。六〇代で定年退職した人はまだ若い。とりわけそれまでメディアで働いていた人たちの多くは、書くという生活習慣があるのに媒体を失います。そういう人たちはスキルも高いうえに、熱心に働いてくださいます。本当にありがたいことですが、NPOが彼女たちに提供できる報酬は給与でもポストでもありません。以下のたったふたつ、やっている活動がおもしろいことと、一緒に活動する仲間が楽しいことだけです。

年金制度は破綻しない――問題はいくらもらえるか

定年後も仕事を続けるのはやり甲斐、生き甲斐のためだけではなく、少しでも年金受給開始を遅らせて年金額を増やしたいのと、年金の不足分を補うため。老後不安の最大のものは、健康不安に加えて、経済的な不安です。

二〇代、三〇代の人たちのあいだで「自分たちは年金をもらえないのではないか」という疑念が広まっているようです。若い世代のなかには、年金制度は破綻する、だから確信犯で保険料を支払わないという人もいますが、年金は年金保険という保険ですから、保険料を払わない人には戻ってきません（第三号被保険者は例外ですが）。年金財政が破綻するときは日本という国家が滅びるときです。

ただしいくら受け取れるか、払った分に見合うだけ戻ってくるかどうかはわかりません。重要なのは、自分が老後の生活を営むために十分な額がもらえるかどうかですが、年金の制度設計には根本的な問題があります。

日本の年金制度は、国民年金と厚生年金の二階建て構造になっていて、国民年金は、受給者が年金だけでやっていけるように設計してありません。公務員や会社員は、国民年金と厚生年金に加入していますから国民年金から基礎年金を受け取り、さらに厚生年金からも受け取ります。企業によっては企業年金を加えて三階建てになっているところもあります。最近の企業はそんな余裕を失ってきましたが。

ところがそれ以外の農業従事者や自営業者、あるいは非正規で厚生年金に入れなかった人たち、無職だった人たちは、国民年金しか受け取れません。国民年金の建前は国民強制加入ですが、それも支払えない人たちもいます。国民年金は四〇年間保険料を納め続けて満額を受け取っても月額七万円足らず。自営業者には定年がなく、老いても働くことが前提となっているからです。その人たちには毎月小遣い程度の年金があれば十分だと制度設計者たちが考えたのでしょう。超高齢社会でフレイル期間が長くなったうえに、年金収入が一〇〇%を占める高齢者の世帯が増えることは想定外だったのだと思います。

厚生年金に加入していた人は安泰かというと、それも怪しくなっています。厚生年金は、定年退職したあとの雇用者の生活を保証しなくてはならないという理由で始まりました。目安は現役時代の収入の二分の一で、夫婦二人の世帯で月額およそ二二万円。今の八〇代、九〇代には、月額三〇万円以上受け取っている人もいます。

ですが、その時代は終わりました。マクロ経済スライド（そのときの社会情勢に合わせて年金の給付水準を自動的に調整するしくみ）が導入され、これからどんどん年金額は下がっていくと予想されますから、年金収入だけで家計を維持することは難しくなるでしょう。金融庁の試算で、老後三〇年間で夫婦世帯では約二〇〇〇万円が不足するとの報告もありました。

かつて上場企業に勤めていたような人ですら経済的に破綻することがあります。現役時代の家計水準を落とすことができないとか、病気で医療費が家計を圧迫するとか、退職金を投資にまわしてすってんてんになるような、武士の商法を地で行く人もいます。

高齢者からよく聞く嘆きは、冠婚葬祭のまとまった支出が出せないということ。ふつうの生活はできても、不時の出費には対応できません。冠婚葬祭が一ヶ月に何件かあると追いつきません。だからそういう儀式・儀礼の場からも撤退しなさいというアドバイスもよく聞きます。老後は付き合いや飲食など消費行動の水準を現役時代とは変えないと、家計は苦しくなるでしょう。つまり歳を取ったらつましく暮らせということです。

親に仕送りせずにすむのは年金制度のおかげ

若い世代の人たちにわかってほしいのは、自分たちがいくらもらえるか、という計算以前に、もし年金制度がなかったら困窮した親にあなたたちが仕送りしなくてはならなかったということです。

かつての日本がそうでした。三世代同居の時代は、家族が家計をともにしていましたから、家長の母が一家の収入をすべて集めて家計管理をやっていました。嫁のパートの収入も姑《しゅうとめ》が集めて分配していました。家制度のもとで家長権力は強かったですが、夫を見送った家長の妻には、息子を家督相続人に仕立ててそのうえに君臨する「皇太后権力」というインフォーマルな権力がありました。

同居している息子や娘が親を扶養しただけでなく、家から出ていった息子や娘は、親に仕送りをしました。ですから経済力のある息子や娘を持たない年寄りはみじめでした。年金制度ができたおかげで、高齢者が仕送りなしで家計を維持できるようになりました。

年金制度は、世代間の仕送り制度のようなものだと言えます。年金保険料を負担するのは現役世代です。自分の子や孫に当たる世代が払いこんだ保険料は匿名化されて年金財政に組みこまれます。そこから高齢者に年金が支給されますが、お金に名前がついているわけではないので、高齢者は子どもに負い目を持たずにすみます。年寄りのなかにはわずかな年金のなかから孫に小遣いをやるのを楽しみにしている人もいますが、これが毎月息子から書留で届くお金だったらどうでしょう。息子から来たお金を息子の子どもに小遣いとしてわたすことは難しいでしょう。

年金制度のおかげで高齢者は生活を年金でまかなえるようになり、離れて暮らす娘や息子も親の心配をしなくてすむようになりました。そうやって家計分離が起きたことは、世代間関係を変える大きな変化でした。介護保険ができたとき、「子が親を看る日本古来の美風」を壊すと反対した保守政治家がいましたが、それ以前に年金制度が高齢者の経済的自立を促し世代間の家計分離や世帯分離を可能にしたのです。事実、三世代同居の世帯を見ても、世帯分離以前に世代間の家計分離がとっくに起きていることに気がつきます。もはや一家に財布がひとつ、の時代ではありません。

介護保険の調査をすると、利用者は年金の範囲内でしか介護保険制度を使わない傾向があります。サービスの受益者負担の原則が家庭のなかに確立していて、子どもは親の介護のために自分の懐《ふところ》からお金を出そうとはしません。それくらい家計分離は進んでいます。

まずは安心できる住まいの確保

高齢者の暮らしにとって基本のきは、住まいの確保です。高齢になっても「出ていけ」と言われないですむ住まいがあるかどうか。このところ福祉の世界でも「ハウジングファースト」が唱えられるようになりましたが、自分ひとりのスペースを確保することは、人の生活を守るうえでの基礎となります。

高齢になればなるほど住宅弱者になると言われますが、その人たちは高齢になる前から住宅弱者の立場にあった人たちです。日本は戦後持ち家政策を進めてきましたが、住宅弱者とは、持ち家政策のもとでもストック形成する余裕のなかった貧困層の人々です。そのせいで、安くて質のよい公共住宅の供給がきわめて少なく、民間の賃貸住宅に頼ってきたのですが、もとから賃貸住宅に住んでいた人たちが高齢になると、家賃の滞納を怖れて、大家が契約の更新をしぶるようになります。孤独死などされたら事故物件になりますから、次の入居者を見つけるのも難しくなります。

とはいえ、持ち家政策のおかげで日本の高齢者世帯の持ち家率は八割以上、一生を抵当にローンを組んで手に入れた成果です。日本政府は民間にストック形成を促し、住宅需要によって内需拡大を図ってきました。おおかたの日本人が持ち家を手に入れようと思うのは、子どもが生まれて家族が拡大する時期。日本の住宅は家族拡大期に対応していますが、家族の縮小期には対応していません。少子化と世帯分離によって家族の人数が減少していくのに合わせて、家族で住んでいた持ち家があれば、それを手放して小さな集合住宅に移ることもできます。持ち家を手放さずに、子育て期の世代に貸し出すこともできます。「移住・住みかえ支援機構（JTI）」が貸し手と借り手とのマッチングサービスをやっています。これだと所有権を失わずに家賃収入を老後の家計の足しにすることもできます。

日本の空き家率は約一三％。なかには資産価値がなく、撤去しようにも子どもにその負担能力がないために、老朽化した家屋が放置されている例もあります。空き家問題は深刻化しています。

高齢者向けの住まいというと、有料老人ホームや「サ高住」と呼ばれるサービス付き高齢者向け住宅もあります。「サ高住」は安否確認をしてくれる賃貸住宅で、介護サービスは提供していませんから、必要になれば、外部業者を利用することになります。賃料と管理費で一五万円程度、それに加えて訪問介護、訪問医療などの外付けサービスを加算すれば、月に二五万円から三〇万円程度かかりますから、決して安いとは言えません。年金だけでそれだけの負担ができる高齢者はそれほど多くないでしょう。

居室面積は、原則二五平米以上と定められていますが、住宅ですから台所、トイレ、洗面、浴室がついているものの、ベッドを置けば私物を持ちこめないほどの狭さです。スウェーデンの高齢者施設は、居住スペースが一人当たり原則六〇平米で、ベッドルームとリビングが分かれていました。ひとりでもそれくらいは確保したいものです。

高齢者住まい法ができたのは二〇〇一年。それまでに高専賃（高齢者専用賃貸住宅）や優良高専賃などの高齢者向け賃貸住宅が雨後の筍のように各地で増え、それにサービスがついたために、建設省と厚労省にまたがって高齢者の住まいを規格化する必要が生まれ「サ高住」という名称に統一されました。サ高住が急速に増えたのは、特養や老健などの高齢者介護施設の待機者が増えて入居が困難になったからです。折からの住宅不況で不景気にあえいでいた建設業界が、介護のノウハウもないのに次々にサ高住の建設に参入してきました。政府も補助金を出してこれを支援しました。ですが、サ高住はピンからキリ、地域によっては市場飽和状態で空きが出ています。

お金に余裕があれば有料老人ホームもあります。温水プールにビリヤード台、食事は和洋から選べるという富裕層向けのホームもありますが、初期費用が数千万、月額が三〇万円程度かかります。そんな立派な施設のひとつをお訪ねしたことがありますが、ちっとも羨《うらや》ましいとは思いませんでした。なぜ歳取ったからといって、年寄りばかりが固まって一箇所に住まなければならないのでしょう？　アメリカには高齢者ばかりが居住するサンシャインシティがありますが、わたしはこれも感心しません。今住んでいる家で、今暮らしている地域で、そのまま老いて死んでいけばよいではありませんか。

それに有料老人ホームは子どもが反対することがあります。売買するのが所有権ではなく居住権なので、資産として残らないからです。ビジネスモデルとしてはうまくできていますが、子どもたちは自分たちの資産として引き継げませんから、うれしくないのでしょう。

定年退職後に地方移住を検討する人もいますが、住む場所で言えば、高齢になると介護資源と医療資源が多い都会のほうがいいでしょう。地方に定住するつもりなら、その土地の介護・看護・医療資源を確認してください。移動に車が不可欠な土地なら、車に乗れなくなったときにどうするのかも考えておかなければなりません。移住者の受け入れ態勢については自治体間格差が大きく、隣の自治体には移住者が来ているのに、こっちには来ないということも実際に起きていますから、さまざまな支援体制や資源の有無を確認しておく必要があります。

不安があるなら、地方移住は期間限定にして楽しむほうが得策です。わたしも八ヶ岳に家を持っていますが、車がないと生活ができないので、自分で車の運転ができなくなったら暮らせなくなるでしょう。

今後、地方はどんどん縮小していく運命にあります。地方創生は口で言うほどかんたんではありません。地域おこしがうまくいっているケースもありますが、レアケースです。

子育て世代が都会から地方都市に移住する動きがあったとしても、課題はその子どもたちがそこにとどまるかどうか。移住する人たちはたいてい高学歴です。おそらく自分たちの子どもも高学歴にしたいでしょう。となると、子どもたちは進学や就職で都会に出ていく可能性が高いので、これから地方が拡大していくとは考えにくいのです。

人口急増期に、日本は山林を開拓して新村をつくりました。明治時代初期には三〇〇〇万人だった人口が、およそ一世紀で一億二〇〇〇万人まで増えましたから、まさかこんなところにまで、という山間僻地《へきち》に集落があります。これから人口減少期に入れば、そういった村は衰退していくでしょう。

そういう開拓村に残っているのは、年寄りばかり。働く場所がないので若者たちは村を出ていきます。お年寄りはどんなボロ家でも家が好きですから、家に誰もいなくても家を離れたくないでしょう。人口一六〇〇人の長野県泰阜《やすおか》村では、元村長の松島貞治《ていじ》さんが村の年寄りをその人たちの願いどおり、在宅で見送るのが自分の役目だと言いました。おじいさん、おばあさんたちを見送ったら村終《むらじま》いになります。新村は旧村となって、元に戻っていくということです。

官僚とその話をしたときに、「その人たちに水道と電気とガスを調達するためのインフラ整備にどれだけ税金がかかると思うんだ」と言われたことがありました。しかしそれも期間限定。これまで一生懸命働いて日本社会を支えてきたお年寄りを、ご本人の希望どおり在宅で見送るためのコストは、何ほどのものでもないはずです。

老後はひとり暮らしが快適

これまでひとり暮らしのお年寄りには、自動的に「おかわいそうに」「おさみしいでしょう」という声が降ってきました。子どもがいる人であれば「あんなに立派な子どもさんがいながら」となります。子どもは子どもで周囲から「親を放っておくのか」と非難されました。お年寄りが「ひとりでいたい」と言うと「わがままだ」と言われました。世間体のためだけにも同居しなくてはいけないくらい、親にも子にも圧力がありました。その後高齢おひとりさまは増えつづけ、今や高齢者世帯のほぼ四分の一、これだけ数が増えたら高齢者がひとり暮らしをするのもあたりまえになっただけでなく、おひとりさま暮らしも存外「悪くない」ということがわかってきました。それどころか同居高齢者に比べて独居高齢者の生活満足度が高いという調査結果も出てきました。

二〇年前、今の七〇代がまだ五〇代だったときのアンケートで、女たちの多くが「将来は息子と同居したい」と答えていてあきれたことがありました。わたしと同世代、団塊世代の女たちです。それから二〇年経って、彼女たちは今、誰と暮らしているでしょうか。

高齢者の介護規範も変わりました。かつては長男がお世話して当然と思われていましたが、規範の変化が急速だったために、世代間のギャップも生まれました。

作家の田辺聖子さんは、母親のために自分の家の敷地内に別棟を建てて、下にも置かぬお世話をした娘です。ところがお母さんは訪ねてくる来客に、愚痴《ぐち》をこぼしつづけました。「本当に情けない。こんな不甲斐ない老後を送ることになるとは思わなかった。長男がいながら、おめおめ娘の世話にならなければならないとは。なんて情けない老後だろう」と言い、老後を支えた娘の田辺さんには、感謝の言葉もなかったそうです。

長男規範を持っている年寄りにとって、長男が世話をしてくれないというのは裏切られたも同然でした。長男が世話するといっても、その実、ケアするのは長男の嫁でしたが、今は妻がイヤだと言ったら、夫も無理押しはできません。無理をすれば息子の夫婦関係が壊れるでしょう。田辺さんの世代の女たちは、嫁の役割を果たした最後の世代、転換期の女性です。それからあとの団塊世代の女たちは、自分も嫁をやってこなかったし、息子の嫁に期待できるとも思っていません。さらにその後の今の四〇代、五〇代の女たちは親と同居したくないし、自分も子どもとも同居したくないと考えているでしょう。彼女たちが子どもと同居したくないのは、迷惑をかけるからではなく、自分の好きなように暮らしたいから。周囲にひとり暮らしのお年寄りが増えて、ひとりのほうが楽だということがわかってきたからです。

介護保険に守られているのは親世代だけではない

ひとり暮らしをしていても、要介護になったらどうするのか。ひとりで食事ができなくなったり、下の世話をしてもらわなければならなくなったら、施設か病院へ入るしかない、と感じている人は多そうです。

介護が家族だけの責任であれば、親の介護のために子どもは同居、あるいは近居せざるを得ません。介護離職という言葉もあるように、介護のために仕事を辞めて実家に戻る人もいます。ですが、介護保険のおかげで介護の社会化が進みました。施行以来二三年経って現場も進化しました。かつてできなかったことが、できるようになりました。

そのひとつが独居の高齢者の在宅看取りができるようになったことです。独居であっても自宅で死ねるようになりました。かつては、家族がいない人が最期を迎えるのは、病院か施設でした。それができるようになったのですから、大きな変化です。

要介護になっても独居が可能なのは、介護保険があるからです。年齢が高くなるほど要介護認定率が上がりますから、平均寿命に近い年齢になると八割くらいの人は要介護認定を受けています。そうすればケアマネージャーが付いて、軽度でも週二回はデイサービスに行くか、訪問ヘルパーが入ります。介護保険制度ができた当初は訪問介護事業所が、死期が迫った人のところへは「うちのヘルパーが怖がっているので行かせられません」と言うこともありました。病院で死ぬことがあたりまえで、家庭で高齢者を看取った経験のない人が多かったからです。

ところがやってみたら、在宅死が想像以上に穏やかなものだということがわかってきました。高齢者の死はゆっくりと進みます。経験を積んだ介護職は、そろそろお迎えがくるというタイミングがわかります。いよいよ、というときになればそばで見守ります。

次の訪問に行って冷たくなっておられても、主治医に連絡すれば死亡診断書を書いてもらえます。いちいち一一〇番や一一九番をしなくてもいいんです。死の瞬間に誰かが立ち会う必要はありません。そういう経験を積み重ね、現場の人材が育ちました。今はもう安心して任せられるようになっています。

それにひとりで死んでも「孤独死」を怖れる必要はありません。「孤独死」の定義は①臨終に立ち会い人がおらず、②事件性がなく、③死後一定時間以降に発見されたものを言います。メディアに報道される孤独死の事例は、死後数週間、数ヶ月間後に発見されて遺体が腐乱したような悲惨な事例ですが、定期的に訪問介護やデイサービスが入っていれば、三日以内に発見してもらえます。訪問ボランティアナースの会、キャンナスの代表、菅原《すがはら》由美さんは「臨終に立ち会い人のいない死を孤独死と呼ぶのはやめよう」と提唱しています。ですからわたしはすっきりさっぱり、良くも悪くもない、辞書にない言葉、「在宅ひとり死」をつくりました。使って広めていただきたいと思います。

外部から介護サービスを受けられるようになったことは、独居の高齢者だけでなく、家族と一緒に暮らす高齢者にも恩恵をもたらしています。

介護保険制度はホームヘルパー資格制度をつくって、介護を有資格者（プロ）が行う仕事にしました。それによって介護の質が保たれるようになりました。家族による介護が一番よいと思われているようですが、介護に関して家族は素人《しろうと》です。以前は寝たきりの人にはあたりまえのようにできていた褥瘡《じょくそう》も、プロの介護職が入るようになって、ないのがあたりまえになりました。

さらに家族のなかに第三者の目が入るようになったことで、これまで見過ごされてきた家族による高齢者の虐待を防げるようになりました。暴言や暴力、ネグレクトなどがあっても高齢者は声を上げることもできなかったのです。「高齢社会をよくする女性の会」の代表、樋口恵子さんは、これを「家族の闇にサーチライトが入った」と表現しました。潜水艦のサーチライトが海底の一隅を照らすように、第三者が入ることで家族の闇が照らされるからです。家族介護がよいとは限りません。むしろ最期まで自宅で過ごそうと思ったら、おひとりさまのほうがずっとやりやすいと証言する専門職もいます。

在宅医療のパイオニア、小笠原文雄医師は、「介護保険以前には在宅看取りは難しかった。ましてや独居の在宅看取りは想像することさえできなかった」と言います。ですが介護保険二三年の経験値の蓄積は、不可能を可能にしました。

わたしの今の研究テーマは「独居の在宅認知症高齢者の看取りケア」です。これにも現場の実践例が積み重なってきています。認知症には個人差が大きいですから、誰でも問題なくできる、とまでは言えませんが、認知症になったら家族と同居するか、施設かグループホームに入るしかないという思いこみを打破したいと思っています。

それだけでなく、施設に入るより在宅のほうがコストは安くすみます。これまでは在宅ひとり死はお金のある人にしかできないと思われていましたが、小笠原医師から朗報を伺いました。経験値が上がって、医療保険と介護保険の本人一割負担内で、自費サービス抜きで独居の在宅看取りができるようになったよ、と。政府が在宅誘導を進めるのは、社会保障費抑制という不純な動機から。わたしもお年寄りの在宅死を勧めていますが、それはお年寄りの幸せのため。同じ方向に向かっても、動機が一八〇度違います。

ひとりで死ぬのは怖い？ ひとりで死なせるのは親不孝？

「ひとりで死にたくない」「誰かに手を握ってもらいながら逝きたい」という願いを持つ人もいるでしょうか。ですが、家族に囲まれて「おばあちゃん、逝かないで」と泣かれながら死ぬというのは、幻想や妄想の類《たぐい》です。

考えてください。死に際に家族が全員集合できたのは、同居していたからです。現在の高齢者の多くにも、別居している親族がいます。見送る側にしても「危篤です」と聞くと、とるものもとりあえず駆けつけるものだと思っています。死に目に会えるか会えないかが人生の岐路のように思っているからです。ひとりで逝かせない、死にゆく人をひとりにしない、というのも見送る側の思いこみでしょう。わたしはこれを「看取り立ち会いコンプレックス」と呼んでいます。遠方から息せき切って「ご臨終です」のために駆けつけて、ベッドにすがって「お母さ〜ん、あなたの息子でよかったよ～」と号泣するくらいなら、もっと前に言っておくほうがお母さんはうれしいでしょう。そもそも認知症になっていたら、通じないのですから。

わたしは臨終のときに親族縁者に「危篤です」とぞろぞろ来てほしいとは思っていません。ヒトの死亡率は一〇〇%。いつか必ず死ぬことはわかっているのですから、そろそろと思えば、別れと感謝はそれまでに何度でも言っておきましょう。連絡するのは死んでからで十分です。

自分自身と家族にその覚悟が決まっていれば、何も怖れることはありません。

子どもがいる人は死後のことは子どもに丸投げ

超高齢社会に入り、子どもたちは、なかなか死ねない親を看ることで、高齢期に向けてどんな準備が必要なのかを学習できるでしょう。

葬式や遺言について生前に親子で話し合うことも、ひと昔前までは「縁起でもない」「滅相《めっそう》もない」とイヤがられたものでしたが、死について語るタブーは相当減りました。今は大量死時代ですから、関係者の死が目に入ってきます。話し合うことをイヤがる親には「あの人はこういうことをちゃんと言い残していかなかったから、あとの人が苦労しているよ」という話をしたらいいでしょう。親に拒否感があるなら、「わたしたちが好きにしていいのね?」と言っておけばいい。子どものいる人は、葬式のことも相続のことも子どもに丸投げする傾向があります。そのほうが考えずにすむからです。

相続に関しては法律で決まっていますし、とりわけ子どもとの関係が悪くない限りはヘタに遺言を残すとかえってもめごとの種を残すこともあります。「争族」と呼ばれる親族間の争いは、遺産の額の大小に関係なさそうです。

なぜアメリカでは健康保険ですら成立しないのか

高齢者の生活を支えるのは、住居に加えて年金保険、健康保険、介護保険の三点セットです。現役のうちに住まいと年金は確保しておきましょう。現役時代に低賃金だと、老後も低年金になることは先述したとおりです。

日本の健康保険と介護保険は世界に誇れるすばらしい国民皆保険制度です。アメリカにはこうした制度はありません。アメリカの健康保険は民間保険、保険でカバーされない国民がおよそ三千万人もいます。オバマケアは一時期国民皆保険をめざしましたが、トランプの登場によって挫折しました。

アメリカで公的健康保険が成り立たないのは、自助の原則が確立しているうえに、経済格差が大きすぎるからです。アメリカの保険会社の広告に、スリムな男性が登場して「年収いくら以上のあなたは、健康リスクはこれだけ低い。ですから保険料はこんなに安くすみます」と言うのを見たことがあります。民間保険では、健康リスクの低い人は保険料が安く、健康リスクが高い人は保険料が高くなります。

アメリカで健康リスクが高いのは低所得層の人たちです。高所得層の人たちは彼らのために高い保険料を負担する理由がないと考えますから、共助の合意形成ができません。アメリカで膨大な死者数を出したコロナパンデミックでも、人種と地域、経済階層によって死亡率に著しく差が出ました。こういう社会では健康保険はもとより、介護保険も合意形成が難しいでしょう。

介護保険はこうしてできた

ここからは介護保険の歴史と、これからどうなっていくかを考えていきましょう。

介護保険法が成立したのは一九九七年、三年間の準備期間を置いて二〇〇〇年に施行されました。介護保険は福祉のネオリベ改革の一環でした。動機は医療保険の財政破綻を糊塗《こと》すること、とりわけ医療保険財政を圧迫していた高齢者の社会的入院（治療の必要がないのに長期にわたって入院を続けること）を、よりコストの安い介護保険に付け替えることでした。

さらに地方自治の名において、介護保険の事業主体を国ではなく地方自治体としましたが、それは医療保険の二の舞を演じたくなかったからです。国のリクツは、介護は義務教育と並んで基礎自治体の基礎的住民サービスだというものでした。だとすれば義務教育の教員が教育公務員であるように、介護労働者も公務員として扱う必要がありますす。しかしバブルが弾《はじ》けて不況になり、税収がどんどん落ちこんでいた時期でしたから、行政改革まっただなかの自治体には、公務員をただのひとりも増やさないことが至上命令でした。

当時は行政サービスを民間業者に委託する流れが進んでいましたから、福祉を行政からアウトソーシングすることにしたのです。利用者は、民間のサービス提供事業者と契約し、行政はそれを監督するという形にしました。

この案が出たとき全国市町村会は猛反対しました。国が地方に責任転嫁すると思われたからです。ですが地方自治の名において、法律には住民参加型の介護サービス検討委員会を設置し、介護保険料も独自に決定できるだけでなく、介護サービスの上乗せ横だしも自由としました。つまり自治体間の競争を推進して、地域間格差ができることを容認したのです。実際には介護保険料は全国ほぼ横並びに収斂《しゅうれん》しましたし、広域連合ができてサービスの水準は低位に平準化されました。二〇〇〇年代初頭に吹き荒れた市町村合併の波に呑まれて、独自の介護事業を維持する自治体も多くはありません。

当時、地方では介護保険は利用する人はほとんどいないだろうと考えられていました。それまで介護を担っていたのは家族でしたから、他人に委《ゆだ》ねることには抵抗がありました。「そんなものをつくっても、このへんで使う者はいない」「家に他人を入れる者なんかおらん」と言う人たちもいました。

地方にとっては歴史上初の体験でしたから、各自治体は介護保険準備室に最精鋭の公務員を投入して、準備に当たりました。そのなかからカリスマ公務員と呼ばれる人々も登場しました。初年度は、利用者の掘り起こしのため戸別訪問までやりました。

いっぽうで全国市町村会は、介護サービスを利用せず家族が介護した場合は、家族に現金を給付するよう要請しました。日本が参考にしたドイツの介護保険には現金給付があったからです。自治体は住民から保険料を強制徴収するのに、「保険あってサービスなし」と言われるのを怖れていました。

それに強く反対したのは「高齢社会をよくする女性の会」の代表で、社会保障審議会の審議委員でもあった樋口恵子さんです。

現金給付はこれまで無償だった家族の介護に報いるものだと解釈することもできますが、給付されるのはサービス利用料よりもはるかに低い金額です。しかもわずかな給付で介護がこれからも女性、とりわけ嫁の役割として固定してしまうという危惧がありました。それでは介護の社会化は進みません。日本の介護保険が家族への現金給付という選択肢をつくらなかったのは、彼女たちの功績です。

介護産業の市場規模は一三兆円に

成立過程では、介護保険の財源についても税か保険かで大論争が起きました。社会保障は本来は税金でやるべきですが、増税は難しい。最終的には税と保険の折衷《せっちゅう》方式で、介護保険料は四〇歳以上の全国民から健康保険料とともに給料や年金から強制的に天引きされることになりました。

介護保険は利用者中心に立ち、「措置から契約へ」「恩恵から権利へ」を謳《うた》いました。

折衷方式ではありましたが、保険制度を取り入れてよかったとわたしは思っています。利用者に権利意識が育ったからです。講演のたびにわたしはこう言ってきました、健康保険の保険料を払いながらいざ病気になったときに使わないでおこうと思う人はいない。同じように介護保険も保険料を払うのは介護が必要になったときに堂々と使うためだ、と。もし一〇〇％税方式になっていれば、福祉スティグマがついたかもしれません。

ところが介護保険のスタート直前になって、自民党政調会長（当時）の亀井静香さんが「介護保険は子が親を看るという日本の美風を損なう」と言い出しました。保険料を年金から天引きすることに高齢者の反発の声が上がっているときで、結局、高齢者からの介護保険料徴収を半年間延期することで政治決着しました。

そういう横やりはありましたが、介護保険はスタート時に四兆円規模の市場を生み出しました。政府が公定価格で管理する準市場ですが、不況期の日本経済にとっては大きな規模の市場でした。

営利、非営利を含む民間の多くの介護事業者が参入し、介護は食える労働になりました。市場ができたことでプロが生まれ、利用者に提供できるメニューが増えて人材が育ちました。これは世界的に見てもすばらしい成果です。

たとえば民家を活用した小規模多機能共生型デイサービスは、待ったなしの目の前のニーズに応えて、誰ひとり断らないという理念のもと、地域の市民たちが創りだしたもので、海外にはありません。高齢者と障害者、障害児、子どもまでが利用できる共生型サービスは、それまで高齢者は高齢者、障害者は障害者と壁があった日本のタテワリ福祉の壁を破って創りだしたオリジナルな事業です。政府はそれをあとから追認し、介護保険の対象事業として、地域密着型サービスに組み入れました。そうやって新たなしくみをつくった人たちが、各地にいます。

介護サービスの市場規模は年々大きくなり、二三年後の今は当初の三倍以上、一三兆円くらいの規模になっています。人口学的に考えればこれからも高齢者はどんどん増えていきますから、市場規模もそれに合わせて大きくなっていくでしょう。介護市場は成長産業なのです。

介護の質を保つしくみとは?

日本の介護保険は制度設計もオリジナルです。ドイツとイギリスの先行事例をモデルにしたと言われますが、そのどちらでもないユニークなものです。ドイツの介護保険にある家族給付を採用しなかったことは述べました。イギリスからはケアマネージャー制度を学びましたが、自治体所属にしませんでした。保険事業者である自治体に雇用されるとケアマネは自治体の利益を優先して利用抑制に走りがちですが、日本ではケアマネは自治体からは独立性を保ちました。代わりに事業者所属を認めたために事業者への利用の誘導を行う傾向があります。ケアマネに独立性を保つだけの十分な条件を与えなかったのは、制度設計のミスでした。

要介護度に応じて利用料に上限はありますが、もっとも重い要介護5で、給付金の限度額が三六万円くらいですから、これは諸外国と比べても相対的に高いものです。それに対して利用者の自己負担率は一割と有利です。

よかったのは、介護職を有資格の専門職にしたことと、介護労働者と利用者との属人的な契約を排して、事業者と利用者との契約にしたことです。たとえばフランスでは利用者と介護労働者が個人契約を結び、支払った金額に対して国から補助が出るというしくみになっています。このしくみでは利用者が介護労働者に給料を払う雇用主になります。介護労働に就いているのは無資格の移民労働者が多く、利用者とのあいだで搾取《さくしゅ》と虐待が起きることもあります。また契約している介護労働者が病気などで来られなくなればアウト、すぐに代わりの人を見つけることはできません。

日本でも初期の頃には「毎回違うヘルパーが来るのはイヤだ」「決まった人に来てほしい」と要求する高齢者がいました。ヘルパーもいろいろ、自分と相性のいい人が来ると、次からはその人に来てもらいたくなります。

日本の介護保険制度では、それができません。ですが予定していたヘルパーの都合がつかなくなれば、ただちに別の人を送りこむことができるのは、ヘルパー個人とではなく事業者と契約を結んでいるから。代替要員が必ずいるのです。利用者のクレームはヘルパー本人には行かず事業者に行きます。だから調整がしやすいのです。こうして介護の質が保てます。

そして一対一ではないから、介護現場が密室化しません。これはものすごく大事なことです。密室化すると介護する側、される側の双方に、搾取や虐待が起きる可能性が高まりますから。

制度設計にも欠陥がありました。ケアマネの事業者所属を認めたこともそのひとつですが、訪問介護の介護報酬を生活援助と身体介護の二本立てにして、前者の介護報酬の設定を低く抑えたことは、ヘルパーの労働条件を劣悪なものにしました。その結果訪問介護のホームヘルパーは介護サービスのなかでもっとも不利な働き方となり、コロナ禍のもとでも有効求人倍率が一五倍という、不人気な職種になりました。介護の人手不足が叫ばれていますが、根本的な原因は介護報酬の設定が低すぎることです。

介護保険制度の改悪が進んでいる!?

介護保険制度は二〇〇五年の一回目の改定以降ずっと改悪が続いています。介護保険は人間にすると二三歳ですが、生まれてこのかた、被虐待児のようなものだと言う人もいるくらいです。制度はあるけれど使えない、これを制度の空洞化と言いますが、それが得意技なのが政治家と官僚です。

二〇〇一年に発足した小泉政権は構造改革を訴えて社会保障制度の改革に取り組むことをあきらかにしました。その中心になったのが、当時経済財政政策担当大臣だった竹中平蔵さんでした。

二〇〇二年には経済財政諮問会議が「骨太の方針」として社会保障費の伸びを抑制することを打ち出しました。実際、その五年間で介護保険財政を含めて、一・一兆円(毎年二二〇〇億円)分を抑制しています。

制度の持続性を錦《にしき》の御旗《みはた》に「負担と給付のバランス」を唱えていますが、実質は「負担の増加と給付の抑制」です。その背後には社会保障費を抑制したいという財務省の思惑があります。

政府はこれまでずっといろいろな案を小出しにしては世論の動向を見ながら、改悪案を進めたり引っこめたりということをやってきました。二四年改定に向けての審議会のテーブルには、ついに介護保険史上最悪の改定案が並びました。

その改悪案の第一は、利用者負担率を原則一割から二割に上げること。二〇二二年秋にはすでに後期高齢者医療保険の本人負担が二割に上がっていましたが、それにならって介護保険の利用者負担率も原則二割にしようというのです。要介護5の利用料上限三六万円の一割負担は三・六万円、これが倍になったら七万円を超えます。それだけの負担能力のある高齢者がどれだけいるでしょうか。要介護1と2の人たちの利用を介護保険からはずすことも検討されています。そのほかに現在無料のケアプラン作成を有料化するとか、福祉用具をレンタルから買い取り制にするなど、改悪案が次々に出されています。

政府は改悪案を小出しにするので全体像が見えにくいのですが、そのシナリオがしだいに見えてきました。まず介護保険の利用者を要介護3以上の重度者に限定して、1、2の軽度者を介護保険からはずすことです。すでに二〇一五年改定では特別養護老人ホームへの入居条件が厳格化し、要介護3以上でなければ入居資格がなくなりました。そのせいで待機高齢者の数がいっきに減ったのですが、姑息《こそく》な数合わせと言うべきでしょう。軽度者はずしはすでに二〇〇五年改定で、要介護1を要支援1、2に移行して、介護保険からはずしたときから始まっています。要介護1、2の高齢者の暮らしを支える生活援助やデイサービスは介護保険からはずし、身体介護に限定したいという意図が見えます。生活援助やデイサービスは、無資格の市民が有償ボランティアで支える地域支援事業という名の安あがりのサービスに委ねて、自治体に丸投げしようというのです。この背後には、生活援助は誰にでもできる非熟練労働だというケアワーク観があります。そこに「女なら」がつくことでしょう。訪問介護の報酬設定が低額に抑えられたことにも、もともと女が家でやっていたタダ働きを外でやるようになってもこの程度でいい、と考える政策設計者の介護労働観が反映しています。ホームヘルパーの賃金が拘束時間の長さに対して地域最低賃金にも満たないのは、制度設計そのものに欠陥があるからだと、三人のホームヘルパーが国を相手取って訴訟を起こしました。ホームヘルパー国賠訴訟として有名です。

介護保険改悪にいちはやく反対したのは「認知症の人と家族の会」でした。ADL（日常生活動作）の自立を判定基準にした現行の要介護認定では、認知症の判定が低く出ることは知られていました。認知症高齢者にとって、要介護1、2は決して軽度ではありません。この時期を訪問介護やデイサービスで乗り切ることで、認知症高齢者の在宅生活が可能になります。そのサービスがなくなれば、高齢者の暮らしは立ち行かなくなります。

ほかにもケアプラン作成が有料になれば要介護認定を受けても利用に移行するハードルが上がるでしょう。

改悪案はあの手この手で利用の抑制を図っています。保険あってサービスなし。これでは保険者の契約違反というものでしょう。

このままでは〝老後の沙汰も金次第〟に

介護保険の利用抑制の効果はどうなるでしょうか？　考えられる方向は、ふたつ。ひとつは「再家族化」、つまり介護を再び家族の手に押し戻すことです。もうひとつは「市場化」、つまり足りないサービスはお金を出して買いなさいというもの。

介護保険は介護の社会化、言い換えれば脱家族化をめざしたものでした。それをもう一度家族に戻すのが再家族化ですが、そうすれば家族の介護負担が増えて介護離職や虐待も起きるでしょう。それだけでなく介護保険が成立してから二〇年ばかりのあいだに家族に頼れない、頼りたくない独居の高齢者が大量に増えました。家族の介護力をアテにすることはできなくなっています。

もうひとつの市場化は、保険外サービスを自費負担で購入しなさいということ。政府は高齢者が貯めこんでいる小金を放出させて、内需拡大を図りたいと思っているようです。そのため医療保険には認めていない、保険内サービスと保険外サービスの混合利用を積極的に勧めています。足りない分は自費負担でどうぞ、と。そうなれば家族もお金もない人たちは「在宅という名の放置」になるでしょう。老後の沙汰も金次第です。

若い人たちに介護保険の話をして「あなたたちの老後がかかっているのよ」と言うと、「その前に死ぬから大丈夫w」と返す人たちもいます。思考停止しているのでしょう。他人事として受け止めているから、改悪が進んでも自分の親も自分もどんなに困るかを想像しようとしません。政治は誰かほかの人がやってくれると思っている、あなた任せの日本国民が多いようです。

現役世代にとって自分の老後をイメージすることは難しいかもしれません。けれど自分の老後よりも先に親世代の介護を経験することになります。否も応もなく介護も老後も降りかかってきます。親の介護経験を通じて自分の老後を予想することもできますから、当事者になったときのために学習効果もあります。自分の老後はまだまだ先だと油断しないで、今から制度を守っていかなくては、気がついたときには手遅れになるでしょう。

今の人たちにとっては介護保険はあってあたりまえと思っているでしょうが、その成立には長い準備期間がありました。政治家や官僚だけでなく、市民の努力がありました。その恩恵をわたしたちは受けています。介護保険を若い世代の人たちに守ってもらいたい。介護される高齢者だけではなく、介護するあなた自身の生活を守ることになるのですから。

自助・共助・公助

二〇二〇年、当時の首相だった菅義偉《すがよしひで》さんは国会の所信表明演説で「わたしがめざす社会像は、『自助・共助・公助』そして『絆《きずな》』です」と言いました。これが自民党の自助ファーストです。「自分でできることは、まず、自分でやってみる。そして、家族、地域で互いに助け合う。そのうえで、政府がセーフティネットでお守りする」とも言いました。これを意訳すれば「できる限り自分でなんとかしろ、政府をアテにするな」です。だからこそ高齢者も老後のためにせっせと貯金をして自衛・自助の手段としているのでしょう。

今から思えば、九〇年代に介護保険ができたのは奇跡でした。よくぞこの自民党政権のもとで、介護保険制度が成立したものだと思います。

成立に向けて市民運動も盛り上がりました。その中心になったのは樋口恵子さんと元検事の堀田力《つとむ》さんが代表を務めた「介護の社会化を進める一万人市民委員会」でした。事務局長は自治労の池田省三《しょうぞう》さんが務めました。中心メンバーはちょうど四〇代、五〇代の介護世代で「高齢社会をよくする女性の会」のメンバーは嫁世代でした。

介護保険の理念は「利用者中心」というものですが、その実、介護保険はお年寄りの要求によってつくられたというより、介護世代が家族介護の負担を軽減したいという政策意図と政策効果をもってつくられました。それ以前には貧困層を除いて、中流の家庭には介護に関していかなる公的支援もありませんでした。そこに社会保障のネオリベ改革の流れが合流して、実質増税に当たる国民強制加入の介護保険制度ができあがりました。今ではその恩恵を多くのお年寄りとその家族が受け取っています。もはや介護保険のない時代には戻れないでしょう。

格差社会はどこへ向かうのか

保険制度は共助、すなわちリスクをシェアしようという共済制度です。そのためには国民のあいだに社会連帯が成り立っていなければなりません。時代の転換期という意味では、九〇年代が国民的な合意ができた最後のチャンスだったかもしれません。

それというのも九〇年代以降、日本社会に格差が拡大したからです。七〇年代には日本はOECD諸国のうちトップとボトムの所得格差がスウェーデンに次いで下から二番目に小さい社会でしたが、二〇一〇年代に入ってから、逆にトップとボトムの差がアメリカに次いで大きい社会になりました。三〇年以上続いてきた日本のネオリベ改革は、格差拡大にゴーサインを出しました。

七〇年代に八割以上の国民が自分を「中流」に属していると答えた「一億総中流社会」は、過去のものになりました。「中流」だった人たちは、そこからふりおとされないように、自分だけは助かろうと必死です。子どもたちにも勝ち抜き戦に勝ち抜くことを求めます。そして勝者になるのも敗者になるのも「自己決定・自己責任」に帰せられます。

こういう時代には家族に対する求心力、もっというと家族にすがる気持ちが強くなります。それは家族以外に頼るものがないからです。保守派の人々のあいだで家族の価値が浮上しているのはそのためでしょう。選択的夫婦別姓に対するねづよい反対も、子どもの利益を守るはずの「子ども庁」が「子ども家庭庁」に衣替えしたのもその反映です。この保守的な価値観は旧来型の保守ではなく、ネオリベ改革に随伴《ずいはん》したネオコンという新しい保守、社会の変化に対する反動と言うべきでしょう。

ですが、頼るべき家族はもろく、壊れやすくなっています。家族を形成できない人たちもいますし、家族に頼れない、頼りたくない人たちも増えています。どんなに昔ながらの家族を取り返そうと思っても、不可能です。それに保守派が取り戻したいと思っている旧来型の家族は、妻や嫁という名の女性の犠牲のもとに成り立ってきたことを忘れてはなりません。

保守派のなかには、家族のなかのＤＶや虐待を暴《あば》いたことで、フェミニズムが家族を破壊したと責める人たちもいました。ですが、家族が壊れたのはフェミニズムのせいではありません。フェミニズムはただ、すでに壊れていた家族の闇をオモテに晒《さら》しただけです。

超高齢社会では、どんな強者もいずれ必ず弱者になります。カラダが思うように動かなくなり、認知機能も衰えます。年齢を重ねるとはそういうことです。そうなっても安心して介護してもらえる社会であれば、老いは怖くありません。そのための年金保険であり、健康保険であり、介護保険なのです。それをなくすわけにはいきません。あなたにも守ってもらいたいと思います。

終章
これからの フェミニズム

若い女の子たちの自分ファーストが社会を変える

「上野さん、女性差別はいつなくなりますか」と聞かれると、わたしはこう答えています。「六千年以上続いてきたものは、そんなにかんたんにはなくなりません。あなたとわたしの目が黒いうちは無理でしょう」と。

けれど希望も見えています。

今の若い女の子たちは「自分ファースト」です。「女らしさ」というのはずっと自分セカンドでした。自分をセカンド、サードにして夫や子どもをファーストにして補助することが「女らしさ」とされてきました。ボーヴォワールの名著のタイトルどおり、女は「第二の性」だったのです。

だけど彼女たちは「なんでわたしがセカンドなの?」「こんなバカげた差別をわた

しがガマンする理由は何もない」と思うようになってきました。

ガマンしない娘たちの登場です。

彼女たちによってフェミニズムがいわば「再発見」され、フェミニズム・リブートが起きているのは、フェミニズムの思想が彼女たちの心に響いたというだけでなく、少子化の影響もあります。子どもの数が少なくなったので親が息子と娘を差別しなくなりました。娘も息子並みに大事に育てられるようになって、教育投資の対象になりました。その分だけ娘の重荷も増えましたが、その効果として、自分たちが差別的に扱われることを不当だと感じる娘たちが育ちました。

少子化世代の娘たちは韓国や中国にも生まれています。彼女たちは親から期待され、高等教育を受ける機会を持ち、ときには男の子たちと張り合って自分のほうができると感じてきた娘たちです。今、東アジアの諸国でフェミニズム・リブートを支えているのはそんな若い女性たちでしょう。

日本の少子化は、自分ファーストの娘たちをこれだけ大量に生み出しました。その娘たちを育てたのはその上の世代の親たちです。母親世代の無念や怒りが、娘たちに影響を与えていると感じます。

台頭する次世代のフェミニストたち

日本にはアメリカのNOW（全米女性機構）に匹敵するような大きな全国組織がありませんし、女性の集団的利益を代表するような政治団体もありません。ですが、全国各地の草の根におびただしい女性団体があります。これまでも何かジェンダーに関する争点があると、それらが波のようにつながってムーブメントが起きるという状況がありました。インターネットやSNSは、それらの団体が横につながることを容易にしました。それで十分だとわたしは思います。

その波が国境を越えることもあります。#MeTooも拡がりました。日本では#MeTooは拡がらなかったと言う人がいますが、いったいどこを見ているのでしょう。伊藤詩織さんを支持する動きは拡がりましたし、福田財務事務次官のセクハラ問題には抗議が集中して、政府高官といえども辞職せざるをえなくなりました。性虐待の不当判決に抗議して「フラワーデモ」が各地で起きましたし、その運動の成果は「不同意性交等罪」を組み入れた刑法改正につながりました。性暴力の告発は芸能や映画の世界にも及び、著名な映画監督が告発されました。アートや映像、舞台、文学などあらゆるジャンルにまたがる性差別をデータ化した「表現の現場調査団」ができたのも#MeToo の成果です。

若い世代でわたしが注目している人たちを紹介しましょう。

能條《のうじょう》桃子さんは「NO YOUTH NO JAPAN」代表で若者や女性を政治の場に送りこもうとしています。

福田和子さんは、日本で避妊の選択肢が少ないことに疑問を持ち、「#なんでないのプロジェクト」を立ち上げました。「緊急避妊薬を薬局でプロジェクト」の共同代表も務めています。

山本和奈《かずな》さんは『週刊SPA!』の「ヤレる女子大生ランキング」企画に抗議して署名運動を展開し、「Voice Up Japan」を立ち上げました。

この三人はオリンピック委員会の森喜朗会長（当時）の女性蔑視発言に抗議して署名を立ち上げ、一週間で一五万七千もの署名を集めました。

SEALDsの元メンバー福田和香子さんは、SNSでの中傷訴訟で勝訴しました。みんな二〇代です。

三〇代以上では#KuToo 運動の石川優実《ゆみ》さん、Colaboでがんばっている仁藤夢乃さん、エッセイストのアルテイシアさんや笛美さん、性暴力について積極的に取材しているライターの小川たまかさん。

ほかにも作家の松田青子《あおこ》さん、小林エリカさん、はらだ有彩《ありさ》さん、ひらりさささんなど、才気のある若い女性たちが活躍しています。

弱者が弱者のままで尊重される社会を

二〇一九年、東大入学式のスピーチのなかで反響が大きかったのが、フェミニズムの定義についてです。わたしは「フェミニズムは決して女も男のようにふるまいたいとか、弱者が強者になりたいという思想ではありません。弱者が弱者のままで尊重されることを求める思想です」と述べましたが、それに対して、そんなフェミニズムの定義は初めて聞いたという反応が、とりわけ男性から寄せられました。というのも、多くの男性のフェミニズム理解は、自分の間尺《ましゃく》に合わせたもの、すなわち「男女同権？　キミたち、オレたちみたいになりたいわけ？　なら女を捨ててかかってこい！」というものだからです。

ですから、勝ち抜き戦に勝ち抜いた女性を「フェミニスト」の代表のように見る見方も出てきます。フェアな競争に勝ってそれにふさわしい報酬を受け取ることが「男女平等」だと考える女性もいます。これが男女雇用機会均等法にいう「男女平等」の理念です。ですが均等法にいう「機会均等」とは、「紳士服仕立て」のアンフェアなルールであったことはすでに述べました。均等法が登場したとき、若い女性たちに男と同じように競争に参加して、歯を食いしばって勝ち抜けとエールを送るのがフェミニズムであるはずがない、そんなフェミニズムはわたしのフェミニズムではないと思った直感を、思い出します。

しかしフェミニストのなかには、「自己決定・自己責任」に親和的なネオリベラル・フェミニストもいます。シェリル・サンドバーグの『リーン・イン 女性、仕事、リーダーへの意欲』(日本経済新聞出版、二〇一三年)に代表されるようなリーン・イン・フェミニズムがそうです。サンドバーグはグーグルやフェイスブックなどで役員として活躍したサクセスウーマン。彼女がこの本のなかで主張しているのは「女はもっと出世しましょう」。つまりためらわずリーン・インして(前のめりになって)、もっと努力しましょう、競争に勝ちましょう、です。彼女はネオリベ・フェミニズムの象徴としていささか過剰な批判を受けていますが、母親としての悩みは多くの女性に共通するものですし、ほかの女性をサポートしようとエンカレッジする姿勢は、それだってフェミニズムと言えなくはありません。

そういう女性をフェミニストでない、と排除することはできません。フェミニズムは百人百様、自己申告概念ですから、誰がホンモノのフェミニストで誰がニセモノのフェミニストか、異端審問や除名がないからです。わたしはそれをとてもよいことだと思っています。フェミニズムはこれまでもこれからも、活発な論争のもとにあります。それがフェミニズムの活力や発展のもとでした。

こんな世の中に誰がした?

わたしは若い頃、自分が生まれた社会に不平不満を持っていました。だから「こんな世の中に誰がした?」と大人を責めました。自分が生まれてくる時代や社会を選ぶことはできませんから、若い人に責任はありません。

ですがわたしの人生も後半生、それどころかほぼ三分の二が過ぎました。

今、あとから来る人たちに「こんな世の中に誰がした」と責められたら、顔向けできません。何度もくりかえしますが、今の世の中をつくったのは人間ですから、どんな問題も人災です。もう半世紀以上有権者をやってきたオトナには、日本の政治に責任があります。原発を止められなかったのもわたしたちです。セクハラや痴漢を無くせなかったのもわたしたちです。もしわたしたちの世代でノーを言っていれば…あとからくるあなたたちにつらい思いを味わわせなくてもすんだかもしれません。

何もやってこなかったわけではありません。努力もしましたし、闘いもしました。ですが世の中を大きく変えるには、力が及びませんでした。若い人たちには、ごめんなさい、と言わなければなりません。

それでも微力ではあったが、非力ではなかった、と思いたい。介護保険をつくったのは数少ないよいことのひとつでした。DV防止法ができたのも、刑法改正が成り立ったのも、闘いの成果でした。

社会は急には変わりません。この本を読んでいるあなたたちにも、すぐにあとからくる世代が追いつきます。彼らもまたあなたたちに「こんな世の中に誰がした」と詰め寄るでしょう。そのときに「こんな世の中を手渡すことになって、ごめんなさい」と言わずにすむように。

わたしたちが先にいる人たちから受け取ってきたバトンを、今度はあなたが受け取る番です。

上野千鶴子（うえの・ちづこ）

1948年、富山県生まれ。京都大学大学院社会学博士課程修了。社会学博士。社会学者、東京大学名誉教授、認定NPO法人ウィメンズアクションネットワーク（WAN）理事長。女性学、ジェンダー研究のパイオニアとして教育と研究に従事。高齢者の介護とケアも研究テーマとしている。『家父長制と資本制』（岩波現代文庫）、『おひとりさまの老後』（文春文庫）、『女ぎらい ニッポンのミソジニー』（朝日文庫）、『ケアの社会学』（太田出版）など著書多数。

こんな世《よ》の中《なか》に誰《だれ》がした？

ごめんなさいと言《い》わなくてもすむ社会《しゃかい》を手渡《てわた》すために

2024年1月30日　初版第1刷発行

著者　上野千鶴子《うえのちづこ》

発行者　三宅貴久

発行所　株式会社 光文社

〒112-8011 東京都文京区音羽1-16-6

電話　編集部03-5395-8172　書籍販売部03-5395-8116

業務部03-5395-8125

メール non@kobunsha.com

落丁本・乱丁本は業務部へご連絡くだされば、お取り替えいたします。

組版　萩原印刷

印刷所　萩原印刷

製本所　ナショナル製本

ISBN978-4-334-10203-6